談話空間における文脈指示

劉 驫
Liu Biao

若い知性が拓く未来

　今西錦司が『生物の世界』を著して，すべての生物に社会があると宣言したのは，39歳のことでした。以来，ヒト以外の生物に社会などあるはずがないという欧米の古い世界観に見られた批判を乗り越えて，今西の生物観は，動物の行動や生態，特に霊長類の研究において，日本が世界をリードする礎になりました。

　若手研究者のポスト問題等，様々な課題を抱えつつも，大学院重点化によって多くの優秀な人材を学界に迎えたことで，学術研究は新しい活況を呈しています。これまで資料として注目されなかった非言語の事柄を扱うことで斬新な歴史的視点を拓く研究，あるいは語学的才能を駆使し多言語の資料を比較することで既存の社会観を覆そうとするものなど，これまでの研究には見られなかった溌剌とした視点や方法が，若い人々によってもたらされています。

　京都大学では，常にフロンティアに挑戦してきた百有余年の歴史の上に立ち，こうした若手研究者の優れた業績を世に出すための支援制度を設けています。プリミエ・コレクションの各巻は，いずれもこの制度のもとに刊行されるモノグラフです。「プリミエ」とは，初演を意味するフランス語「première」に由来した「初めて主役を演じる」を意味する英語ですが，本コレクションのタイトルには，初々しい若い知性のデビュー作という意味が込められています。

　地球規模の大きさ，あるいは生命史・人類史の長さを考慮して解決すべき問題に私たちが直面する今日，若き日の今西錦司が，それまでの自然科学と人文科学の強固な垣根を越えたように，本コレクションでデビューした研究が，我が国のみならず，国際的な学界において新しい学問の形を拓くことを願ってやみません。

第26代　京都大学総長　山極壽一

目　次

序　章　指示詞とは……………………………………1

　1 ─指示詞を研究する理由…1
　2 ─指示詞の用法分類…2
　3 ─日本語の指示詞に関する研究…5
　4 ─中国語の指示詞に関する研究…12
　5 ─本書の目的と理論的な枠組…14
　6 ─本書の構成…15

第1章　文から談話へ─談話研究の理論背景……………33

　1 ─なぜ談話研究を行うのか…33
　2 ─指示詞の研究に有効性を示した談話理論…35
　3 ─談話モードの重要性…44
　　3.1　語りのモード…53
　　3.2　情報伝達モード…54
　　3.3　対話モード…56
　コラム　古代中国語の文脈指示詞─「此・其」「这・那」…62

第2章　物語における日中の文脈指示詞
　　　　　─談話構造からのアプローチ……………65

　1 ─物語の世界における談話構造…65
　2 ─本書における談話構造…69
　　2.1　導入部…69
　　2.2　展開部…70
　　2.3　終結部…72
　3 ─物語における文脈指示詞…73

    3.1　日本語の場合…73

    3.2　中国語の場合…93

    3.3　先行研究における問題点の再検討…102

  コラム　物語の冒頭に現れる日本語のソと中国語の「那」…111

第3章　新聞・ニュースにおける日中の文脈指示詞
――圧倒的に使われる近称……………………………………115

  1―情報伝達モードにおける文脈指示詞…117

    1.1　日本語の場合…117

    1.2　中国語の場合…120

  2―先行研究における問題点の再検討…122

  コラム　中国光山方言における中称「恁」…125

第4章　対話における日中の文脈指示詞
――情報の転送原則の違い……………………………………127

  1―対話モードにおける文脈指示詞…127

    1.1　日本語の場合…127

    1.2　中国語の場合…138

  2―先行研究における問題点の再検討…144

  コラム　三人称代名詞に関する問題の解決に向けて…150

終　章　まとめと展望……………………………………………153

謝辞…157

参考文献…159

用例出典…164

  日本語の用例…164

  中国語の用例…165

  辞書…165

索引…167

序　章
指示詞とは

1―指示詞を研究する理由

　「指示詞」という品詞カテゴリー[1]は，幼児の言語習得の初期に習得され[2]，ヤコブソン（1984）によるコミュニケーションの中で対象を指し示すという「指示的機能」[3]を担っており，言葉の機能では大変に重要な働きをしている．

　日本語の指示詞はコ・ソ・アという三系列があり，その用法は多岐に分かれている．この三系列の形態素は単独で用いられず，指示代名詞の「これ・それ・あれ」，指示連体詞の「この・その・あの」や「こんな・そんな・あんな」，指示副詞の「こう・そう・ああ」など，様々な形で用いられている．これに対して，中国語の指示詞は「这[4]（近称）・那（遠称）」という二項対立であり，指示代名詞の「这（个[5]）（これ）・那（个）（それ，あれ）」[6]，指示連体詞の「这（个）（この）・那（个）（その，あの）」，指示副詞の「这样（こう）・那样（そう，ああ）」のように，単独でも用いられる[7]．

　本書は日本語と中国語の指示詞に関する問題を扱う．その理由として，まず，日本語と中国語は英語のような言語と異なり，両者とも定冠詞を持たない言語となる．したがって，日本語と中国語の指示詞は「指示的機能」のみならず，定冠詞の部分的な機能を兼担する非常に重要な役割を果たしていると考えられ，そのような意味機能を考察する必要があるからである[8]．次に，筆者の母語は中国語標準語であり，中国語の指示詞の用法については，当たり前のこととしてつい考えもせず見逃してしまう傾向が

ある．しかし，日本語の指示詞に照らし合わせることで，相手の言語現象はもちろんのこと，中国語の指示詞の用法についても明示的に説明しなければならなくなる．つまり，この研究を通して，中国語を母語として主観的に見るのではなく，世界の諸言語に属する一言語として客観的に再認識することができるからである．さらに，筆者自身の経験に由来する理由がある．日本語を勉強し始めたのは大学の一年生の時であった．当然，自身の不勉強と怠りもあるが，母語が目標言語の日本語に干渉しているのか，中国語の「近・遠」の指示体系にないいわゆる「中称のソ」の用法が難しすぎるのか，日本語の指示詞をうまく使い分けることはできなかった．こうした経験から，指示詞の研究に従事することを決意したのである．

2 —指示詞の用法分類

一般に，指示詞の用法は現場指示と文脈指示との2つに分類されている．現場指示とは，発話現場で人やものを実際に指し示すという使い方であり，文脈指示とは発話内容の中あるいは記憶の中の要素を指すという使い方であるとされる．

たとえば，(1)(2)は現場指示的用法と文脈指示的用法の典型例である．(1)は，発話現場に存在する一冊の本を指示しながら近称の「これ」を用いている例である．一方，(2)は現場にいる女子児童ではなく，話し手の発話によって作られた先行文脈に導入された先行詞「小学5年生の女子児童」を照応詞[9]の「この女子児童」で指している例である．

(1) (目の前にある本を指さして)
　　S[10]：これ[11]をください．(作例)
(2) 東京・調布市の小学校で20日，小学5年生の女子児童が，給食を食べた3時間後に死亡した．この女子児童は乳製品にアレルギーがあり，給食でチーズが入ったチヂミを食べたとみられることから，警視庁は，アレルギーで死亡した可能性があるとみて調べている．(FNNニュース 2012.12.20)

しかし，この日本語の指示詞用法の二分法に対して，堀口（1978）が疑問視しており，指示詞の用法は，現場指示・文脈指示のほかに，観念指示，およびそれらとは異質の絶対指示[12]という四種類に分けるべきであると主張している．

堀口の言う観念指示とは，発話現場や文脈に指示対象を持たず，話し手が自分の観念に存在する事物を明示することなく指示するものである．例えば，「あの旅行，良かったね」のような表現は観念指示に相当する．観念指示と文脈指示の違いについては，堀口は話し手が自分の観念に存在する事物を明示することなく指示するのは観念指示であるが，観念にある事物が文脈の中に明示されているものを指示の対象とするものが文脈指示であるとしている．

このように，堀口は観念指示のアを認めている一方，文脈指示のアも認めている[13]．しかし，東郷（2000）が指摘するように，両者の区別が難しい．

ア系指示詞[14]について，久野（1973）が「話し手と聞き手はともによく知っている場合にのみ，ア系指示詞はその代名詞の実世界における指示対象を指すのに用いられる」と述べている．東郷（2000）は久野の仮説を継承しながら，談話モデル[15]を用いてア系指示詞の用法について次のように説明している．

（3）「ア系指示詞は，共有知識領域に存在する対象を指す．また，共有知識領域に存在する対象を指すことができるのは，ア系に限られる」（東郷 2000）

従来の研究では，記憶の中の要素を指す用法も文脈指示として扱われてきた．東郷による（3）の意味するところは，「文脈指示のア」の用法の存在を否定するというものである[16]．

本研究は東郷（2000）の仮説を妥当なものと見なし，ア系指示詞には文脈指示的用法はないという立場をとる．ここでは，本研究による日本語指示詞の用法の分類を次のように提示する．

（4）日本語の指示詞の用法分類
　　a．現場指示的用法　コ・ソ・ア
　　b．文脈指示的用法　コ・ソ
　　c．観念指示的用法　ア

　日本語と同様に，中国語の指示詞の用法にも「現場指示的用法（5）」「文脈指示的用法（6）」と「観念指示的用法（7）」がある．

（5）（目の前の携帯電話を指しながら）
　　　S：这是我新买的手机．
　　　　これが新しく買った携帯です．（作例）
（6）大熊猫馆，售票口，海洋馆桥，狮虎山和夜行动物馆"荣登"动物园"最易丢人地点"前五名，这是西城公安分局动物园派出所统计出的结果．
　　パンダ館，切符売り場，海洋館橋，ライオン・タイガー館，夜行性動物館が動物園の「最もはぐれやすい場所ベスト5」に選ばれました．これは，西城公安分局動物園派出所の統計による結果である．（『北京晨報』2011.10.4）
（7）S：小张，那件事办得怎么样了？
　　　　張くん，あの件はどうだった？（作例）

　中国語では，（8）のように，現場指示と文脈指示の場合には近称「这」と遠称「那」の両方が用いられるが，観念指示の場合には遠称の「那」しか用いられない．

（8）中国語の指示詞の用法分類
　　a．現場指示的用法　这・那
　　b．文脈指示的用法　这・那
　　c．観念指示的用法　那

　これまで日本語の指示詞を扱った研究は，現場指示のコ・ソ・アの使い分けや，文脈指示のソと観念指示のアの区別を中心にされてきたが，文脈指示のコとソの選択の問題が本格的に扱われていない．
　中国語の指示詞の先行研究においても同様な傾向が見られており，文脈指示詞としての「这」「那」を考察する際に，両者の使い分けを本格的に

扱った研究はまれである．また，遠称の「那」は一般に観念指示詞として捉えられることが多く（杨（2010）など），その文脈指示的用法についての研究が少ない．

このため，本書は，現場指示の「コ・ソ・ア」と「这・那」および観念指示のアと「那」を扱わず，文脈指示の「コ・ソ」と「这・那」のみ扱う．なお，文脈指示的用法は，現場指示的用法とは無関係ではなく，その間には緩やかにつながりが存在すると筆者は考える．したがって，次の節から，現場指示と文脈指示に関する従来の研究を簡単に概観した上，両者の関わりについての筆者の立場を述べたい．

3 ─ 日本語の指示詞に関する研究

指示詞の最も基本的な機能は「空間分割」ということである．このため，現場指示の研究では，話し手がどのように空間を分割するのかという問題をめぐって議論がなされてきている．

日本語の現場指示詞の研究では，主に「距離区分説」と「人称区分説」という2つの説がある．簡単に言えば，距離区分説は話し手が自分からの距離を空間分割の基準とするものである．これに対して，人称区分説は話し手が自分（一人称）の勢力範囲に属するものをコ系，話し相手（二人称）の勢力範囲に属するものをソ系，それ以外の範囲はすべてア系で指すというものである[17]．

まず，距離区分説では，指示詞コ・ソ・アにはそれぞれ「近称」「中称」「遠称」の名称が与えられる．近称のコは，話し手から見て近いものを指す．中称のソは話し手のいる場所からそれほど遠くないものを指す．遠称のアは，話し手から遠いものを指すとされる（下図）．

（9）距離区分説[18]

それぞれの典型例は次のようになる．

(10)（話し手と聞き手の目の前にある喫茶店を指しながら，話し手が発話する）
　　　S：さあ，ここで一服しましょう．（作例）
(11)（話し手と聞き手から少し離れたおしゃれなバーを指しながら，話し手が発話する）
　　　S：そこのビールがうまいです．行きましょう．（作例）
(12)（話し手と聞き手から遠く離れたレストランを指しながら，話し手が発話する）
　　　S：あのお店，見えますか？あの大きなカニがかかっているお店，家族とよく行くレストランなのです．（作例）

以上の距離区分説に対して，Aston（1888）およびその後の佐久間（1936）は，(13) のような人称区分説を提唱した．

(13) Aston（1888）の人称区分説
　　　コ系列（これ・この）－第一人称の指示代名詞
　　　話し手に近いか，関係しているもの
　　　ソ系列（それ・その）－第二人称の指示代名詞
　　　話し相手に近いか，関係しているもの
　　　ア系列（あれ・あの）－第三人称の指示代名詞
　　　離れているか，目に見えないもの

佐久間（1936）は Aston の説と似た主張をしている．佐久間によれば，話し手と話し相手との相対して立つところに，現実の話の場が形成される．この場合には，コは話し手自身の勢力範囲に属し，ソは相手の勢力範囲に属し，それ以外の範囲はすべてアに属す．人称区分説は下図で示すことができる．

序　章　指示詞とは

(14) 人称区分説

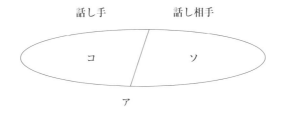

　たとえば，次の（15）のような，距離区分説では説明できない例は，人称区分説によってうまく説明できる．

(15)（話し手が聞き手の顔の傷を指して）
　　S：あれ！＊この／その傷，どうしたの？
　　H：ああ，転んだだけですよ．（作例）

　(15) では，話し手が聞き手と近い距離にいる場合でも，コが用いられず，ソしか用いられない．なぜなら，「その傷」は聞き手の傷であり，聞き手の勢力範囲に属しているからである．
　また，物理的な距離のみならず，佐久間の勢力範囲という心理的な縄張り意識によって，指示詞と人称との対応関係が決められる例を見てみよう．

(16)（整体師が患者にマッサージをしている）
　　S：ここ，痛いですか？
　　H：そうです．そこが痛いです．（作例）

　距離区分説と人称区分説の決定的な違いは，距離区分説は話し手からの距離の遠近によって決められるのに対して，人称区分説は話し手のみならず，聞き手が導入されたということにある．その後，距離区分説と人称区分説におけるコ・ソ・アのトリプレットな分け方に対して，三上（1970）がダブルバイナリな分け方を提示している[19]．

(17) 三上 (1970) のダブルバイナリな分け方
コレ　対　ソレ

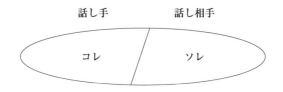

コレ（ソレを吸収）　対　アレ

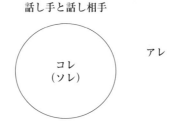

　その具体例として，次の (18) (19) がある．(18) は「(話し手と聞き手の) 対立の様式」の例であり，(19) は「(話し手と聞き手が) 肩を並べる姿勢」の例である．

(18) (話し手と聞き手は道路の両側にいる)
　　　S：こっちに来て！
　　　H：分かった．すぐそっちに行くからね！（作例）
(19) (話し手と聞き手は肩を並んですこし離れた建物を指して)
　　　S：あれがうちの会社です．
　　　H：そうですか．ここから近いですね．（作例）

　距離区分説を支持しながらも，堀口 (1978) が「近い・遠い」だけではなく，「ホット・クール」（ないし「親・疎」）の気持ちもあり，コ・ソ・アの区別は，対象に対する話し手の関わりの気持ちしだいで決められると主張している．コの場合は，話し手がその対象を自己に関わり強いものとして指示し（例 (20)），また，ソの場合は自己抑制して自己に関わり弱いも

のとして平静に指示するのである（例 (21)）．さらに，アの場合は，話し手がその場の外にある遠くの存在を自己に関わり強いものとして強烈に指示するとされる（例 (22)）．

(20) S：この絵はピカソだね．
　　 H：うん，これはピカソだよ．（堀口 1978）
(21) S：その絵はピカソだね．
　　 H：うん，それはピカソだよ．（堀口 1978）
(22) S：あの花は桜だね．
　　 H：いや，あれは桃だよ．（堀口 1978）

しかし，堀口によるコ・ソ・アの領域は常に話し手の主観によって設定されるものになり，そこでは聞き手の役割が完全に無視されている．コ（近・親）とア（遠・親）の場合は，聞き手を考慮せず，話し手を基準に考えても良さそうだが，ソ（近でも遠でもない・疎）の用法を考察する際に，どうしても聞き手が必要になってくると考えられる．したがってその後の研究では，「中距離のソ」が主な論点となっている[20]（例文 (23)）．

(23)（タクシーに乗った客が運転手に発話する）
　　 S：そこの高い建物の前で止めてください．
　　 H：そこの赤い建物ですか．
　　 S：そうです．（作例）

この問題は，人称区分説でも三上の「コレ（ソレを吸収）対アレ」の説でも説明できないのである[21]．人称区分説に従えば，ソは相手の勢力範囲に属するはずであるが，(23) の場合はそうではない．また，三上の「コレ（ソレを吸収）対アレ」の説によれば，ソは消えるわけではないが，ソの領域は没収されてしまい，話し手と聞き手を含むコの領域とそれ以外のアの領域しか残らないはずである．しかし，(23) では話し手も聞き手もソを用いることができる．

以上見てきたように，日本語の現場指示詞の研究では距離区分説と人称

区分説のどちらが本質的なのかについて議論されてきた．しかし，距離区分説も人称区分説も完全に問題を解決できるわけではなく，同時に両者の部分的な有効性を認めるという折衷的な結論にならざるを得ない．

　日本語の現場指示について先行研究を見てきた後，ここからは，文脈指示詞のコとソについての先行研究を概観してみたい．

　コ系とソ系の文脈指示詞を扱った代表的な研究として，阪田（1971），堀口（1978），金水・田窪（1990），吉本（1992），庵（2007）などが挙げられる．阪田（1971）は現場指示的用法の距離区分説を文脈指示的用法に援用し，「対立的状況」と「融合的状況」という2つの状況を仮定してコとソの区別を説明しようとしている[22]．堀口（1978）は，一続きの叙述が完了した後で，その叙述内容の事柄・事物を「明瞭な存在」として対象化し，自己に関わりの強い身近なものをコ系指示詞で指し示すと述べている．また，事柄のまとまりを述べる一続きの叙述がまだ完了しないうちに，その叙述の中に表現した事物を指示対象とする時，まだ明言されていない，確定していない，「明瞭な存在」となっていないため，自分に関わりが弱いものとして，自己抑制の平静指示しか許されないと述べ，中称のソ系指示詞しか用いられないと説明している[23]．その後，金水・田窪（1990）は，前方文脈指示の「コ」が談話における新規情報を指し示すと述べている．また，このコには二つの種類があり，すなわち，「解説のコ」と「視点遊離のコ」に分かれるとされる[24]．さらに，吉本（1992）によれば，コは談話記憶中の実質的な対象を指示し，それを文脈中で際立たせる働きをするが，ソは単に談話記憶中の対象を中立的に指示し，ア・コの指示できないものを指示できるとされる．

　以上の研究においては，「文」を最大の単位とする伝統的な考え方が主流となっている．これに対して，庵（2007）は「文」の上位にある「テキスト」の観点から「この」と「その」の選択原理を取り上げている．また，先行研究ではコ系に対する曖昧な説明や，ソ系についての消極的な考え方を採らず，「この」と「その」しか用いられない文脈の特徴[25]をまとめた上，「この」と「その」の対立が「トピックとの関連性」と「テキス

ト的意味の付与」[26]という話し手による先行詞の捉え方の違いとして規定できることを積極的に主張している．庵（2007）では，文脈指示のコ系統とソ系統の対立と選択問題だけは，テキストレベルでしか解決できないと述べられている．また，現場指示と文脈指示を統一的に説明しようとせず，文脈指示の中心的な用法は形式的に規定しやすく，現場指示とは別の原理「結束性（cohesion, Halliday & Hasan 1976）[27]」に支配されていると主張している．

この庵（2007）の文脈指示的用法は「結束性」によって支配されるという説に対して，筆者は全く逆の立場を取り，コ系とソ系の対立と選択問題は「テキスト上で捉えられるもの」ではなく，「心的に表象されるものである」と考え，談話レベルでしか解決できないと主張する[28]．

庵（2007）における主要な問題点は，以下の3つにまとめられると考えられる．

まず，従来の研究と同様に，庵の研究においても話し手[29]が考慮されているが，聞き手が全く考慮されていない．しかし，すでに言及したように，指示・照応表現を考察する際に，話し手のみならず，聞き手の役割も肝心であり，言葉は話し手と聞き手の相互作用による産物として捉えることは極めて重要である．このため，本書は庵（2007）とは異なり，談話への聞き手の参与を重視する．

次に，理論面においては，庵はテキスト言語学の観点から，先行詞と照応詞の表層的な変化によって，「この」と「その」の選択原理を規定している．しかし，劉（2011, 2012a）が指摘するように，表層的なテキスト形式ではコ系とソ系の文脈指示的用法をうまく説明できない．やはり，指示・照応問題を扱うには，談話という観点に立脚し，指示表現をテキスト上にあるものではなく，話し手と聞き手の相互行為によって生じるものとして，心的に表象されるものとして捉えるべきである（Brown & Yule 1983, Cornish 1999, 東郷 2000）．

さらに，庵の研究では，ジャンルに偏る問題が存在している．庵の記述対象は書き言葉の文脈指示であり，話し言葉の文脈指示は「運用論（すな

わち，語用論のこと）」の領域にあるため，記述対象外とされている．しかし，書き言葉とはいえ，ほとんどの用例は新聞から採集されている．新聞ジャンルの事例のみの調査に基づいて，「この」と「その」の選択原理を規定することは難しいと考えられる．

4－中国語の指示詞に関する研究

　日本語の現場指示詞が盛んに研究されてきたのに対して，中国語では現場指示についての研究はあまり見られず，主に文脈指示を中心になされてきた．その理由は，近くにある対象を「这」，遠くにある対象を「那」で指し示すというより単純な指示体系にあると考えられる．
　ここからは，日本語指示詞の距離区分説と人称区分説の観点を援用して，日本語訳と比較しながら中国語の現場指示詞を分析してみよう．

(24)（話し手と聞き手の目の前にある喫茶店を指しながら，話し手が発話する）
　　　S：好，我们就在这儿／＊那儿休息一下吧．
　　　　さあ，ここ／＊そこで一服しましょう．（作例）
(25)（話し手と聞き手から少し離れたおしゃれなバーを指しながら，話し手が発話する）
　　　S：？这儿／那儿的啤酒很好喝．
　　　　？ここ／そこのビールがうまいです．（作例）
(26)（話し手と聞き手から遠く離れたレストランを指しながら，話し手が発話する）
　　　S：你看见＊这个／那个店了吗？就是＊这个／那个上面有一个大螃蟹的店，是我经常和家人去的饭店．
　　　　＊この／あのお店，見えますか？＊この／あの大きなカニがかかっているお店，家族とよく行くレストランなのです．（作例）

　(24)(25)からはっきり分かるのは，中国語の場合，話し手が「近い」と判断した場合には「这」，「遠い」と判断した場合には「那」を用いる．その逆は認められない．また，(26)のように，中距離のソに対応するの

はやはり「那」である．話し手と聞き手から少し離れた場所を「这」で指すとやや不自然に感じる．

ここでは，中国語における距離区分説を次のように図示する．

(27) 中国語の現場指示

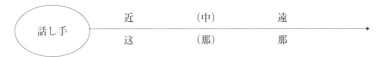

次に，人称区分説の観点から見てみよう．

(28) (話し手が自分の腕時計を指しながら発話する)
　　S：这个／＊那个是我爸爸送给我的表．
　　　これ／＊それは父からもらった時計です．（作例）
(29) (話し手が相手の腕時計を指しながら発話する)
　　S：这个／那个是你爸爸送你的表吗？
　　　これ／それはお父さんからもらった時計ですか？（作例）

(28)の場合，話し手は自らの時計を自分から「近い」と捉え，「这」で指しているが，(29)の場合には，たとえ相手の腕時計であっても，自分に近ければ「这」，すこし離れると「那」が用いられる．つまり，話し手は聞き手の縄張りをあまり意識せず，自分からの距離を参照して指示詞を使い分けていると言える[30]．

一方，文脈指示については，呂（1985），崔（1997），曹（2000），丁（2003），杨（2010）などが挙げられる．呂（1985）は「这」系と「那」系の文脈指示的用法を「回指」「前指」（文脈指示の前方照応と後方照応に相当する）」という2タイプに分けている[31]．曹（2000）は「这」系「那」系について「近称の『这』は遠称の『那』より心理的に近く，『这』を用いるとテキストの一貫性を保つことができ，聞き手に臨場感を与えることができる」と述べている[32]．丁（2003）は「トピックとノントピック」「已然と未然」「実在と抽象」「肯定と否定」「共時的な叙述と回想的な叙述」などの対立的な概念を用いて，「这」と「那」の使い分けを考察している．し

かし，その研究では説明できないケースが多い[33]．その後，ほとんど文レベルで「这」と「那」を扱ってきた先行研究に対し，杨（2010）が談話レベルに立脚しており，清華大学コーパスの実例をもとに研究を行ったことは評価できる．また，丁（2003）と同様に，杨も積極的に「这」と「那」の非対称性と区別に焦点を当てて考察している．一方で，杨の結論には丁（2003）と重複するところが多く，杨の説ではうまく説明できない例も多数存在する[34]．

以上のことから，中国語の文脈指示詞の研究は日本語ほど盛んに行われていないが，1990年代以降，テキスト言語学や談話の観点から注目を集めるようになったことが分かる．ここでは，中国語の文脈指示詞の先行研究における主要な問題点をまとめておく．

まず，日本語指示詞の先行研究における問題点によく似ているが，中国語の文脈指示詞の研究においても，聞き手を重視した研究は少ない．また，「那」に比べ，「这」のほうがより多く用いられるという両者の非対称性に焦点を当てた研究はほとんどであり，「这」と「那」の対立に関する問題，その使い分けを本格的に扱う研究はまれである．さらに，中国語指示詞の研究においても「ジャンル」という重要な概念が無視されている．たとえば，杨（2010）が清華大学コーパスの実例をもとに考察しているが，その清華大学コーパスのデータのほとんどは「新聞」から採集されている．このため，日本語指示詞の先行研究と同様に，単一のジャンルでの調査に偏ると，その調査結果も偏りかねない．

5 ― 本書の目的と理論的な枠組

筆者は，先行研究における問題点を解決するため，コーパスから採集した実例[35]をもとに，理論言語学の立場から日本語と中国語の文脈指示詞「コ・ソ」「这・那」の用法を考察してきた．本書では，その使い分けを明示的に記述した上，それを理論的に説明できる選択原理の構築を目指す．

理論言語学には様々なアプローチがあるが，本書は談話文法に立脚し，

聞き手中心の談話モデル理論（東郷 2000）を採用する．ここからは，この談話モデル理論を本研究の理論的枠組とする理由について説明しておきたい．

談話モデル理論は文ではなく「談話」を単位として考察する．従来の言語学は「文」を最大の単位とする．しかし，指示詞を扱う際に，文を最大単位とすることに問題が生じるため，談話を単位として考察しなければならないと考えられる．また，談話モデル理論は聞き手中心の言語理論である．これまで言語の産出の側面において考察する話し手中心の言語学に対して，聞き手中心の談話モデルは，話し手の発話を聞き手がどのような手掛かりをもとに，いかなる手順で理解するのかに注目する．さらに，談話モデルは時系列に沿って談話の累積性を考慮した理論装置である．話し手は聞き手との相互関係の中で，時系列的に談話を構築していく．談話は累積的な性格を持ち，先行する談話の情報に基づいて後続する談話が成立する．時系列的な談話構築と談話の累積的な性格は，文脈指示詞の選択原理を明らかにするための肝心な手掛かりであるため，配慮しなければならないと考えられる．最後に，談話モデルは話し手と聞き手の「非対称性」を重視する理論である．これまでの言語学（従来の談話研究も含む）では，話し手と聞き手のあいだには対称性があると捉えられてきた．しかし，実際の談話では，話し手と聞き手の関わりは本質的に非対称的である．話し手は自分の発話をあらかじめ知っているが，聞き手はそれを知らない．したがって，聞き手は自分が持っている知識に基づいて話し手の発話を理解しなければならない．この「話し手と聞き手の知識状態の非対称性」は，文脈指示詞の選択原理の構築にとって決して無視してはならない重要なポイントである．

6 ― 本書の構成

本書の構成は下記の通りである．

序章では，本書の研究対象，これまでの先行研究の功績と限界，本研究

の目的および理論的な立場を提示した．これからの第1章では，既存の談話理論を概観した上，本研究の理論的枠組である談話モデル理論の対立型と融合型という2つのパタンを提示した上，談話モードの重要性を主張する．談話の目的によって，談話ジャンルは様々な談話モードを形成しており，本書では主に「語りのモード」「情報伝達モード」「対話モード」の3つに分類した．第2章では，本研究による物語の展開に沿った談話構造—「導入部」「展開部」「終結部」を提示した上，物語の世界における日本語と中国語の文脈指示詞の用法を考察する．その後の第3章および第4章では，新聞・ニュースおよび対話におけるコ系とソ系，「这」系と「那」系の文脈指示の使い分けについて考察し，その選択原理を明らかにすることを目指す．最後の第5章では，本研究で得られた研究結果をまとめて提示する．

注

1）「指示詞」とは品詞名ではなく，文法的には様々な品詞にわたる．
2）このことの裏付けとなっているのは，久慈・斎藤（1982）の研究がある．この研究では，1-2歳半の幼児24人を対象に8ヶ月間にわたり調査が行われた．その結果，コ系指示詞がだいたい1歳半頃，ア系指示詞が1歳9ヶ月頃，ソ系指示詞が2歳4，5ヶ月頃に出現するとされる．また，斎藤他（1981）によれば，幼児はソ系指示詞を，コ系指示詞やア系指示詞の領域に組み込んで理解しようとしていることが報告されている．これは，幼児の指示詞の習得過程においてソ系指示詞は一年ほど遅れて出現するという結果とつながっていると考えられる．
3）言語の基本的な機能については，ヤコブソンによれば，コミュニケーションの「場」を構成する基本的な要素として，「話し手（addresser）」，「聞き手（addressee）」，「メッセージ（message）」，「コード（code）」，「コンタクト（contact）」，「コンテクスト（context）」がある．これらに対応する言語機能は「表出的機能（expressive function）」，「能動的機能（conative function）」，「メタ言語的機能（metalingual function）」，「交話的機能（phatic function）」，「指示的機能（referential function）」であるとされる．具体的には，表出的機能とは話し手に焦点を当て，発話内容に関する話し手の感情や態度を直接的に表現する機能である．例えば，「あっ！」「おお！」等の間投詞は表出的機能を持つ．能動的機能は聞き手に対応するものであり，命令文などに現れる聞き手への働きかけという機能である．詩的機能は，メッセージそのものに注目した機能であり，この機能が活躍する典型的な場は美的感覚を喚起する詩である．メタ言語的機能はコードに対応するものであり，発話内容について解釈する機能を果たす．たとえば，日本語を勉強している留学生がその先生に質問する場面を考えてみよう．

「『KY』って何ですか」「『KY』とは，空気が読めないという意味です.」のような会話においてメタ言語的機能が発揮されている．交話的機能とは，それ自体意味があるわけではなく，コンタクトに対応する話し手と聞き手の間のつながりを確認する機能のことであり，日常の挨拶などに典型的に現れる．最後に，発話状況であるコンテクスト（ないし文脈）に基づく「指示的機能」は，コミュニケーションにおいて最も支配的な機能であるとされる．

4） 「这」の繁体字は「這」である．
5） 「个」は「箇」の簡体字である．
6） 中国語の指示詞は「指示詞＋数詞＋助数詞＋名詞」という形で使われることが多い．また，数詞が「一」の場合は省略されるのが普通である．指示連体詞と指示代名詞の場合，指示詞の形式はともに「这（个）」「那（个）」となる．
7） 「この・その・あの」「这（个）・那（个）」の辞書における説明は次の通りである．
「この」
（1）空間的に話し手に近い物事をさす．「この本を見なさい」
（2）時間的に近い物事をさす．「この夏」
（3）今，言ったりしたりしていること，または，それに関係のあることを示す．「このため」
（4）（日時を表す言葉について）最近の．以来．このかた．「この一週間心配のしどおしだった」
「その」
（1）話し手からは離れていて，聞き手に近い関係にある物事をさし示す．「その本は君のですか」
（2）相手または自分がすぐ前に話したことや，お互いに了解している事柄であることを示す．「その事は何も聞いていない」
（3）ばくぜんと物事をさし示す．「そのあたりでやめておいたほうがいい」
「あの」
（1）話し手からも聞き手からも離れた所にある物をさす．「あの店に入ろう」
（2）話し手も聞き手もすでに知っている事柄をさす．例の．「あのときは困りましたねえ」
（『大辞林』から引用）
「这（个）」
指较近的时间，地点或事物．（比較的に近い時間，場所またはものを指す）「这里（ここ）」「这时（このとき）」
「那（个）」
指较远的时间，地方或事物．（比較的に遠い時間，場所またはものを指す）「那里（そこ，あそこ）」「那时（そのとき，あのとき）」
（『新華字典』から引用）
8） 「那」は中国語における定冠詞的な機能を果たしていることを主張し，このことを詳しく考察している研究として，Huang（1999）と劉（2014b）などがあり，第2章のコラムにおいても論じられている．
9） 先行詞とは，文脈の中で照応詞が指示する要素のことである．照応詞とは，文中で先行詞との照応関係を示す要素のことである．たとえば，「昨日寿司を食べた．その寿司がとても美味しかった．」という文では，「寿司」が先行詞で，「その寿司」が照応詞となる．

10) 本書では「S」が話し手（speaker），「H」が聞き手（hearer）を意味する．
11) 本書では明示的な先行詞を点線で示し，照応詞を実線で示す．また，「＊」が不自然，「？」がやや不自然，「φ」が「空位」，つまり「ゼロ照応」を表す．
12) 堀口によると，絶対指示という用法は，時間・場所に関する用法で，常に特定の対象を絶対的に指示する用法である．場所に関する用法は「ここ」「この町」など常に話し手がその中に存在する場所を絶対的に指示するものや，対話や手紙などで「そこ」「そちら」など聞き手がその中に存在する場所を絶対的に表すものがある．一方，時間に関する用法は近称だけである．「これまで」「この頃」「この冬」などに見られるコは，常に話し手の存在する時を指している絶対指示の用法である．なお，絶対指示は指示詞の典型的な用法と考えにくいため，本研究では絶対指示を指示詞の基本的な分類と見なさない．
13) 堀口（1978）が指摘するように，観念指示の用法は，独白などに現れやすいが，対話の場面にも用いられることがあるとされる．例文（1）を見られたい．
　（1）「S：あれを持ってきてくれ．H：はい，承知しました．（堀口 1978）」
　　堀口によると，「あれ」は遥かな存在として話し手の観念にあるものであるが，同じ発話現場にある聞き手も，同じ指示対象を遥かな存在として同じように観念に浮かべてくれるという期待推察を前提として，聞き手の推察の成功に頼る表現である．
　　一方，堀口は（2）の「あの件」で指示されるものは文脈に明示されているため，聞き手は推察する必要なく，確実にその事物を理解できるため，（1）は観念指示の例であり，（2）は文脈指示の例であるとされる．
　（2）S：先週はゴタゴタしていたが，あの件はもう片付いたかい？（堀口 1978）
14) 日本語のコ・ソ・アという三系列の指示詞は，コ系指示詞，ソ系指示詞とア系指示詞とも呼ばれる．
15) 談話モデル理論については，のちの第1章で詳細に紹介する．
16) 春木（1991）もア系に文脈指示的用法はないと主張している．
17) 最初に距離区分説を唱えた研究として，古田（1980）が指摘するように，富士谷（1767）が挙げられる．富士谷によると，コ系は自分の目の前にあるものや近いもの，自分に近づきつつあると確認されたもの，または少し遠いものも自分に確認されたものを指す．ソ系は少し遠いものを指す．ア系のものはカ系のものよりも遠いもの，自分の目の前にないものを指すとされる．その後の大国（1836）も富士谷と同じような見解を示しているが，ソ系に関してはその他の系列との違いとして，自分に向かい合うものを指すと指摘している．
　　大国は基本的には富士谷の距離区分説を受け継いでいるが，ソ系についての指摘は人称区分説に偏ったものと考えられる．のちの大槻文彦（1889）も距離区分説を支持し，コ・ソ・アに「近称」「中称」「遠称」の名称を与えて分類している．近称のコは，話し手から見て近いものを指す．中称のソは話し手のいる場所からそれほど遠くないものを指す．遠称のアは，話し手から遠いものを指すとされる．
18) 図（9）は，筆者が大槻（1889）の説明をもとに描いたものである．
19) 三上は，ダブルバイナリな分け方について次のように述べている「相手と話手との原始的な対立の様式が楕円的である．両者は楕円の二つの焦点に立ち，楕円を折半してめいめいの領分として向かい合っている．楕円の外側は問題外で

ある．言い換えると，ソレ対コレの立場ではアレはまだあらわれない．目を移すと，二人は差向いから肩を並べる姿勢に変わって接近する．相手と話手とは『我々』としてぐるになり，楕円は円になる．これは心理的な問題として言っているのだから，二人が依然相当な距離を保って向かい合っていても，話題が手もとの事物に無関係になったら楕円は円に変わる．相手自身は消えることはないが，『ソレ』の領分は没収されてしまう．円内がコレ的で，円外がアレ的である」．このほか，三上の指摘によると，「あれこれ」「あっちこっち」「そうこう」「そこここ」など，コトソ，コトアが対になる表現が多いが，ソとアが対になるものはない．このこともダブルバイナリ説を裏付けていると考えられる．

20) 最初に「中距離のソ」を取り上げたのは，高橋（1956）の研究である．話し手と聞き手は部屋の中で立ち話をしている時，話し手が後ろの机を指差して「その机をごらん」と言う場合がある．距離においても，方向においても，自分に近いにも関わらず，話し手はソを持って指すことになる．

21) この問題を解決しようとした研究として，正保（1981）が挙げられる．正保の説明によると，「中距離のソ」は融合型のソにあたる．融合型のソは，アで指すには近すぎるものを指す場合に用いられるとされる．田窪（2008）も正保の説と似たような主張をしている．田窪は現場指示を眼前指示（直示）と呼んでおり，ソ系は，それが指示する対象が近・遠のどちらの特徴づけもできない場合，すなわち，ア系でもコ系でも表せない対象を指すのに使われると主張している．つまり，コとアのどちらも使えないときに中距離のソを使うという消極的な考え方がなされており，より積極的なアプローチが求められる．

22) 阪田（1971）は現場指示的用法の距離区分説を文脈指示的用法に援用し，コとソの区別を説明しようとしている．距離区分の場合，対話では次の（1）のように，話し手は自分の発言内容は自分の領域内のものとしてコ系で指すが，相手の発言内容は自分の領域外のものとしてソ系で指す．また，文章の場合，話し手は先行の叙述内容を主体的に捉えた場合には，コ系で指示し，客観的に捉えた場合にはソ系で指すとされる．

（1）「あははは，ほんとに度し難い．色々手を易へ品を易へてやって見るんだがね．<u>とうとう仕舞に学校の生徒にやらした</u>」
「そいつは妙案ですな．利目が御座いましたか」
「<u>これ</u>にやあ，奴も大分困った様だ．もう遠からず落城するに極っている」
（夏目漱石『吾輩は猫である』阪田 1971 から引用）

　一方，人称区分の場合には，話し手は聞き手をも自分の領域内に包みこんで，「われわれ」という一つの領域をつくり，その領域内に属すると認めたものをコ系，領域外のものをソ系，またはア系で指示すると阪田が述べている．具体的には，話し手の発言が共通の話題となった場合には，両者はともにソ系で指示するのが普通であり，それを主体的な意識で「われわれ」の身近なものとしてとらえる場合にはコ系が使われるとされる（例文（2））．

（2）「（前略）だれか，おとう様を説得するような人はいませんか．」
「さあ，何しろ，父はああいう気質ですから……」
しず子は答えながらも，ヨツヤのおじさんはどうかしら，とおなかのなかで考えた．父には兄になるわけだが，母と折り合いが悪いから，とても話になるまいと思った．

「しかし，……だれかありませんか．これはうっちゃっておかないほうがいいですよ」（山本有三『真実一路』阪田 1971 から引用）

しかし，以下の例文では聞き手は話し手の発話内容をコで指しており，坂田の「相手の発言内容は自分の領域外のものとしてソ系で指示する」という説ではうまく説明できない．

（3） S：（父親は）男の子との関係が良好だと，ストレス耐性，我慢強いというのはストレス耐性だって言い換えてもいいと思うんですけれども，ストレス耐性が良くなるというデータが 2010 年の，あのー，国際学会で発表されています．
　　　　H：ああ，なるほど．これはどういう理由でですか？
　　　　S：これはですね．実は話せば長くなるのでやめます．
（『ホンマでっか!?TV』から引用）

例文（3）の場合は，本研究で言う「話し手と聞き手がともにコで指示できる文脈」に相当する．このような文脈の発動条件については，のちの第 4 章で詳しく論じる．このほか，阪田の研究では「自分の領域内」「主体的・客観的にとらえた場合」や「主体的な意識」などといった曖昧な概念を用いている．このため，より厳密に定義された専門用語を用いてコ系とソ系の選択問題を扱う研究が求められる．

23) 堀口（1978）はコ系とソ系の区別について次のように指摘している．一続きの叙述が完了したあとで，その叙述内容の事柄・事物を「明瞭な存在」として対象化し，自己に関わりの強い身近なものをコ系指示詞で指すと述べている（例文（1））．また，事柄のまとまりを述べる一続きの叙述がまだ完了しないうちに，その叙述の中に表現した事物を指示対象とする時，まだ明言されていない，確定していない，「明瞭な存在」となっていないため，自分に関わり弱いものとして，自己抑制の平静指示しか許されないと述べ，中称のソ系指示詞しか用いられないとされる（例文（2））．

（1） S：お金を貸してください．
　　　　H：これは困りました．今持ち合わせがないのです．（堀口 1978）
（2） S：すぐ雨が上がるから，それを待って出なさい．（堀口 1978）

堀口は現場指示の用法と一貫して，「自己に関わりの強いもの」「自己に関わりの弱いもの」のように，距離区分をもとに，コ系とソ系の文脈指示的用法を規定している．本研究は基本的には堀口の説を支持する．のちの第 2 章では，談話モデルを用いて，堀口の「自己に関わりの強い・弱いもの」という主観的な主張について理論的・モデル的に説明する予定である．

24) 金水・田窪（1990）は，文脈指示の場合には基本的にソを用いると述べた上，前方文脈指示のコが談話における新規情報を指し示すと説明している．このコには二つの種類があり，すなわち，「解説のコ」と「視点遊離のコ」に分けられるとされる．

「解説のコ」は一種の現場指示であり，文や文の構成素はそれ自身が現場に存在するものと考えられ，指示詞はそれを指し示しているのである．簡単な例を引くと，発話の現場に目に見えない黒板が導入され，話し手が見えない指さしを行って指示するのは，解説のコに当たる．この場合，話し手は聞き手に対して内容の把握，情報量などの点において優位に立って談話を進行させる（例文（1））．

（1） 私には，酒好という変わった名前の友人がいる．この人は，名前とは逆

に一滴も酒が飲めない．（金水・田窪 1990）

　また，小説や体験談など，時間とともに出来事が推移していく文章では現場や聞き手などに影響されず，話し手は自由に話の中の登場人物に視点を近付けることができ，「視点遊離のコ」が可能になる．このため，「視点遊離のコ」は現場指示の拡張と見なされ，一種の自由間接話法に属するとされる（例文（2））．

（2）うとうとして目が覚めると女は何時の間にか，隣の爺さんと話を始めている．この爺さんは慥かに前の前の駅から乗った田舎者である．（金水・田窪 1990）

　本研究は「解説のコ」と「視点遊離のコ」の妥当性をおおむね認めるため，これ以上立ち入らない．

25) 庵は「この」しか使えない文脈の特徴として，「先行詞を言い換えた場合（言い換え）」「先行文脈や文連続を指示し，それらに名前をつける場合（ラベル貼り）」「先行詞と定情報名詞句の距離が大きい場合（遠距離照応）」および「トピックとの関連性が強いとき（トピックとの関連性）」を提示している．
　しかし，「この」が用いられている実例を観察すると，庵の説に違反しているケースが多い．
　まず，庵は先行詞を言い換えた場合，「この」しか用いられないと主張し，以下の例文を挙げている．

（1）エリザベス・テイラーがまた結婚した．この/＊その女優が結婚するのはこれで七回目だそうだ．（庵 2007: 87）

　以上の文脈においては，確かに「この」の容認度が高い．次の「ラベル貼り」も同じようなものであり，先行文脈や文連続を指示し，それらに名前を付ける場合（「ラベル貼り」）には，「この」しか用いられないとされる．

（2）序盤では一歩得のために三手ぐらいかけるのに，終盤の現在だと二手と馬の交換ならオンの字というしだい．この/＊その価値の転換をインプットする難しさが，コンピューター将棋の最大難関だそうな．（庵 2007: 92）

　庵によれば，「序盤では一歩得のために三手ぐらいかけるのに，終盤の現在だと二手と馬の交換ならオンの字」という先行文脈に「価値の転換」の名前が付与されたため，「この」しか用いられないとされる．
　「言い換え」や「ラベル貼り」の場合には，確かに庵の言う通り，コの容認度が高い．しかし，庵はなぜこのような場合にはコが用いられやすいのかについて触れていない．これに対して，本研究は「言い換え」と「ラベル貼り」の妥当性を認めつつ，のちの第2章で談話モデル理論を用いて，そのメカニズムの詳細について論じる予定である．
　さらに，庵は，先行詞と定情報名詞句の距離が大きい場合「この」しか使えないと述べている．以下の例文では，「医師」と「この医師」との距離が遠いため，「この」のみが適格であると説明している．

（3）ソリブジン発売後，最初の死亡報告例となり，今回のインサイダー取引を生むきっかけになった神奈川県内の女性（当時 64）の次女は，複雑な胸中をのぞかせる．母親が帯状疱疹にかかった時，服用していた抗がん剤について「相互作用がこわいから，医者に見せたほうがいいわよ」と言った．医師は，母親が持参した抗がん剤をカルテに控えながら，ソリブジンの投与を続けた．「もちろん，治療段階で死亡例を隠していたことや，母の死の情報をもとに，株を売り抜けていた社員には怒りを感じる．でも，騒ぎのかげで，医師の責任

が軽んじられていくようで，やりきれない」日本医師会は，この薬害事件直接「事故の責任はあげて製薬会社が負うべきだ」として，責任の一切を製薬会社に押し付ける文書を各都道府県の医師会に配布した．この/?その医師は，この文章を根拠に，今でも，補償交渉の場に出てこない．（庵 2007: 90　朝日新聞夕刊 1994.6.23）

　しかし，以下の例文では「茨城県のある町」と「その町」との距離が遠いにもかかわらず，「その」が適格である．つまり，「遠距離照応」では例（4）をうまく説明できない．

（4）自分が三歳だった頃の新聞を隅から隅まで読むうちに，加恵子はようやくある記事にたどりついた．茨城県のある町で，三歳の女の子の行方が分からなくなったというものだ．そこには行方不明になった子どもの名前と共に，父親の氏名や住所も出ていた．庄司直子．父親は庄司力．

「庄司直子っていうのが，私の本当の名前なんだろうかって，不思議だった．ドキドキして，独りでに顔が真っ赤になるのが分かったわ．他の記事も読んでみたけど，その頃，行方不明になった三歳の女の子は，その子どもだけだった」

　何カ月間か悩んだ挙げ句，ある日，加恵子はその町を訪ねてみた．（『BCCWJ 中納言』）

　最後に，庵によると，以下の例文のトピックは「殺人事件」であり，このトピックは多くの要素から構成され，この要素を「トピックと関連性が高い名詞句」と呼ぶ．これらの名詞句を指し示す時，「この」しか使えないとされる．

（5）名古屋・中村署は，殺人と同未遂の疑いで広島市内の無職女性（28）を逮捕した．調べによると，この/＊その女性は 20 日午前 11 時 45 分ごろ名古屋市内の神社境内で，二男（1），長女（8）の首を絞め，二男を殺害した疑い．（庵 2007: 93　日刊スポーツ 1992.11.22）

　しかし，次の例文（6）では，「みすぼらしい姿の男」がトピックと関連性の高い構成要素であるが，この名詞句を指す時に「その男」が用いられている．このため，「トピックとの関連性」は「この」の選択に対する本質的な説明になっていないと考えられる．

（6）それから月日はながれ，ある日，みすぼらしい姿の男が杖をついて現れて，もう三日も食べておりません．なんでもいいから食べ物を恵んで下さい」という．すっかり長者の奥方になった娘は，その男の顔を見てびっくり．自分をいじめて家からおいだした，旦那さんの息子ではないか．

（『福娘童話集－きょうの日本昔話』）

　一方で，庵は「その」しか使えない文脈の特徴を「先行詞は固有名詞句か総称名詞句」「『その』しか使えない文脈では『ゼロ』も不適格」「先行文脈で形成される予測を裏切る」「定情報名詞句は『は』以外の助詞でマークされる」の 4 つにまとめている（ここでいう「定情報名詞句」は，庵独自の造語であり，庵（2007）では「定情報名詞句」は次のように定義されている「テキスト内で二度目以降に言及された名詞句を定情報名詞句（definite information NP）と呼ぶ」）．

　まず，「先行詞は固有名詞句か総称名詞句」の場合，庵によると，例（7）のように，「ポーランド」という固有名詞句が先行詞である文脈においては「その」しか使えない．

（7）ことしは歴史や時代を考えさせる出来事がとくに多い．日本では，「昭

和」が終わった．今月1日はナチス・ドイツ軍のポーランド侵略で第2次世界大戦が始まって50周年だった．その/＊このポーランドで，いま，民主化が進みつつある．回顧の感慨は，ひときわ大きい．コール西独首相の記念演説の言葉が印象的だった．（庵 2007: 98-99　天声人語 1989.9.3）

しかし，先行詞が固有名詞句である文脈においても，「その」ではなく，「この」しか用いられない例文が多く観察される．たとえば，(8)の先行詞「政治資金規制法」も固有名詞句であるが，「この」しか用いられないのである．

(8) 罰金刑が確定すれば，政治資金規制法違反で初めて国会議員が処罰されることになる．二十万円以下の罰金という規定が面白い．五億円もらっても，その金は返さずに二十万円の罰金を払えばすむ．この/＊その法律のばかばかしさがよくわかる．（庵 2007: 88　朝日新聞朝刊 1992.9.25）

庵の説明に従えば，この用例は「言い換え」の文脈と「先行詞が固有名詞句」の文脈の両方に相当することになる．庵の主張する「この」と「その」しか使えない文脈の特徴が，同時に同じ文脈に現れたとすれば，一体どの原理がより強いのかという質問に直面することになる．つまり，先行詞が固有名詞句(「政治資金規制法」)であり，尚且つ「言い換え」が行われている場合(「政治資金規制法」→「法律」)は，どのような優先順位で決められるのかは，庵の研究では述べられていない．ここが庵(2007)における一番大きな問題点であると考えられる．

次に，「『その』しか使えない文脈では『ゼロ』も不適格」という特徴を考察する．(9)では「ゼロ」は不自然であると庵が主張している．

(9) 寺沢：しかし，金が目当てであった．この二つの事件に共通してみられる犯行の動機は，結局は，金であった，と検察官は断言しています．そうでしょうか．偽装殺人が実行されたとするその当時，被告人はそれほど金に窮していないことはこの法廷で実証済みです．＊φ被告人が，国立大学に通う娘の学費とその将来の結婚資金欲しさに，敢えて自分の夫を，その保険金と退職金目当てに，計画的にかつ残忍に殺すようなことがあり得るでしょうか．（庵 2007: 98　「土曜ワイド劇場　情報3」1995.6.20　放送分）

ところが，庵の言う「この」しか使えない文脈((10)のような「言い換え」の例)においても「ゼロ」も不適格になる．したがって，「ゼロ」が不適格か否かは「その」しか使えない文脈の特徴とは言いにくい．

(10) 私はクリスマスにキリスト教の洗礼を受けたので，＊φ祝日には特別の思いがある．（庵 2007: 92　『将棋世界』1995.2）

3番目の特徴は，「その」を含む文で述べられる内容は通常先行文脈で形成される予測を裏切る内容となっているというものである．

(11) ハーレムの有力黒人指導者の一人，カルビン・バッツ師は「民主党は共和党より十倍いい．その/＊この民主党にも我々の意見は通らない」と一時はペロー氏への支持を打ち出した．（庵 2007: 99　朝日新聞朝刊 1992.10.9）

この説明については，本研究は庵の見解と一致している．なお，庵は「先行文脈で形成される予測を裏切る」場合にはソしか用いられないという特徴を，のちに「テキスト的意味の付与」に言い換えている．

最後に，庵は1985年〜1991年の『朝日新聞－天声人語コラム』でガ格の定情報名詞句が指定指示（指定指示とは，「この／その＋NP」全体で先行詞と照応するものである（庵(2002)））の「この」「その」でマークされる全用例を対象として調査を行い，調査結果をもとに，定情報名詞句は「は」以外の助詞

しかし、この結果は「新聞」ジャンルにおいての調査結果である。これに対し、劉（2011:78-79）では書き言葉と話し言葉のコーパス、「FNNニュース」「BCCWJ哲学書籍」「BCCWJ文学書籍」「CSJ学会インタビュー」「日本語会話データベース」「CSJ自由対話」という6つのジャンルにまたがり、指定指示の「この」「その」とそれをマークする助詞「は」「が」との結びつきの傾向を調査した。その結果、新聞やニュースではほとんどコ系指示詞が使われているため、庵（2007）のように新聞ジャンルのみ調査してはならない。また、「CSJ学会インタビュー」「日本語会話データベース」以外、「その」はすべて「は」と結びつきやすいということが判明したため、「その」が「は」以外の助詞でマークされるという主張は文体に偏りがあり、正確とは言い難いことが判明した。

このほか、庵（2007）が挙げている「その」の用例にも問題が残る。たとえば、例（9）はドラマのセリフであり、対話の例である。これは、話し言葉の文脈指示は「運用論」の領域にあるため、記述対象外とするという庵の主張（庵 2007: 45）に矛盾している。これ以外にも、例（11）はカルビン・バッツ師の話し言葉を直接引用しているものであり、これも話し言葉に相当する。やはり「その」の用例は新聞報道などに現れにくく、庵はソ系の文脈指示的用法を説明するため、話し言葉に頼らざるをえなくなり、ジャンルによる影響は言うまでもない。

26) 庵は「その」しか用いられない文脈の特徴を「テキスト的意味の付与」にまとめている。なお、この「テキスト的意味の付与」説は、基本的には長田（1984）の「情報の持ち込み」という説を受け継いだものであると考えられる。長田によれば、（1）の「その船」は単に船ではなく、「元文元年の秋、出羽の国秋田から米を積んで出帆した新七の船」であり、「その」は前文脈から下線部の情報を「持ち込む」機能を担っていると述べている。
（1）元文元年の秋、新七の船は、出羽の国秋田から米を積んで出帆した。その船が不幸にも航海中に風波の難にあって、半難破船の姿になって、積荷の半分以上を流失した。（長田 1984）

庵はこの指摘を正しいものと見なし、「持ち込み」という機能を「テキスト的意味の付与」として定式化している。庵（2007: 97）は「テキスト内で名詞句が繰り返されると定情報名詞句はその文脈内で限定される。この限定を『テキスト的意味』と呼び、限定を受けた名詞句には先行文脈からのテキスト的意味の付与があると考える」と説明している。たとえば、次の例文では「順子」も単なる「順子」ではなく、「他の男の子供を生むはずがない」という属性を持っているのである。「その順子」には「『あなたなしでは生きられない』と言っていた順子」というテキスト的意味が付与されている。この場合は「その」しか用いられないとされる。このように、庵は「定情報名詞句へのテキスト的意味の付与が義務的であるときには『その』の使用が義務的になる」と説明している。
（2）順子は「あなたなしでは生きられない」と言っていた。その/？この順子が今は他の男の子供を二人も産んでいる。（庵 2007: 98）

本研究は長田の「持ち込み」及び庵の「テキスト的意味の付与」の正当性を認める。同時に、新聞・ニュースのようなジャンルによる制約（のちの情報伝達モード）によって、「持ち込み」や「テキスト的意味の付与」が行われず、

27) 「結束性 (cohesion)」とは，Halliday & Hasan (1976) によって提唱された学術用語である．英語の語や文からなる言葉の塊を聞くか読むかすると，英語の話し手には，それが統一のとれたまとまりのある英語の一節であるのか，それとも，相互に関係のない語や文の単なる集合であるのかの判別が容易に，しかも確実にできることから，テクスト（本書ではテキスト）をテクストたらしめる一定の特徴がテクストには備わっていると考えることができる．そういった特徴のうち，同一物指示 (reference)，省略 (ellipsis)，代用 (substitution)，類義語反復 (repetition)，接続 (conjunction) 等の文法的・語彙的資源の活用によってなしとげられているテクストの中のつながりを結束性という（安井 1996: 124）．

28) この仮説を裏付ける研究の一つとして，堀口 (1978) が挙げられる．文脈指示的用法について，自己に関わりの強い身近なものをコ系，自己に関わりの弱いものをソ系で指すという堀口の説は，現場指示の距離区分説を援用したものであると考えられる．

29) 庵 (2007) は，話し手を「テキスト送信者」と呼んでいる．本書では用語の混乱を避けるため，統一的に「話し手」「聞き手」と呼ぶことにする．

30) 同様な指摘は，望月 (1974)，外山 (1994) などにも見られる．

31) 呂 (1985) は，前方照応に相当する「回指」の場合には，先行文脈ですでに言及したこと，または先行文脈と関わりを持ったことを指すときに，「这」と「那」の両方が用いられるが，「这」のほうがより多く使われると主張している．また，後方照応にあたる「前指」について，呂は「这」は後方照応の用法を有しているのに対して，「那」はその用法を持っていないということを指摘している．このほか，呂は「那」の「凭空指（架空の指示）」という用法を提示し，これについては，「那」は空間的・時間的・心理的に遠いもの，現場にも先行文脈にもないものを指すのに用いられると述べている（1）．
(1) 道人慌忙来報："那个人又来了."
　　道士が慌てて報告してきた「あの人がまた来ましたよ」．（呂 1985: 204）
　しかし，呂の研究は「文」を超えておらず，先行文脈と後続文脈が不明瞭な例文が多い．また，「那」の「架空の指示」という用語自体にも問題があると思われる．これは本研究でいう「観念指示」（堀口 1978, 東郷 2000) に当たると考えられる．

32) 曹 (2000) は「这」系「那」系について「近称の『这』は遠称の『那』より心理的に近く，『这』を用いるとテキストの一貫性を保つことができ，聞き手に臨場感を与えることができる」と述べている．また，曹は呂 (1985) の「『这』は後方照応の用法を有しているのに対して，『那』はその用法を持っていない」という指摘に対し，「那」にも後方照応の用法があると主張している．
(1) 她身上半点值得自信的东西也没有．连一个少女最可自慰最起码的那点自信—容貌方面的自信都没有．
彼女には，自信に値するものがすこしもない．少女にとって自分を慰める最低限のあの自信－容貌の自信でさえ持っていない．（曹 2000: 10）
　曹によれば，「那点自信（あの自信）」はその後続文脈「容貌方面的自信（容貌の自信）」を指している．しかし，曹は「那」の文脈指示的用法と観念指示的用法を区別していない．ここの「那」は文脈指示ではなく，観念指示である．一見したところ，「那」は後方文脈にある表現を指しているように見える

が，実はそうではなく，話し手は聞き手なら当然知っているだろうと思い込んで，自分と聞き手の共通の知識を観念指示の「那」で指示しているのである．なお，同様な指摘は，東郷（2000）でも見られる．東郷によれば次の例では，話し手が聞き手の知らない「山田という先生」を「あの先生」で指しているが，この場合には聞き手を置いてきぼりにして回想にふけっているというニュアンスが生じるとされる．
（2）ぼくは大阪にいるとき山田という先生に習ったんだが，君もあの先生につくといいよ．（東郷 2000）

33) 丁は「トピックとノントピック」「已然と未然」「実在と抽象」「肯定と否定」「共時的な叙述と回想的な叙述」などといった対立的な概念を用いて，「这」と「那」の使い分けを説明しようとしている．一方，「空間的・時間的・心理的な近さ」など，丁だけではなく，数多くの先行研究ではすでに指摘されている考え方は省略する．

まず，丁は「トピックとノントピック」の対立的な概念を用いて，トピックとなる指示対象を指し示すときに「这」を用いるが，トピックではない指示対象を「那」で指すと主張し，次の例文を挙げている．
（1）那头牛是1993年4月从法国北部出口到英国的．在1994年6月被诊断患有疯牛病，是在这头牛到达英国14个月之后，科学家们说，疯牛病毒的潜伏期从来不少于22个月，因此这头牛肯定是在法国染上疾病的．
その牛は1993年4月フランスの北部からイギリスへ輸入された．1994年6月に狂牛病と診断されたのは，この牛がイギリスに到着してから14ヶ月後のことであった．狂牛病の潜伏期は22ヶ月以上であるため，この牛はきっとフランスで病気にかかったに違いないと科学者たちが指摘している．（丁 2003: 30）

丁によれば，「那头牛（その牛）」は新たに談話に導入された時にまだトピックではないため，「那」で指すのは自然となる．「被诊断患有疯牛病（狂牛病と診断された）」というコメントが与えられた時にトピックとなり，「这头牛（この牛）」で指示されている．

しかし，この説明には明らかに問題がある．まず，「那头牛是1993年4月从法国北部出口到英国的（その牛は1993年4月にフランスの北部からイギリスへ輸入された）」という文を「トピック・コメント（主題・題述とも言う）」構造の観点から見れば，この文のトピックは「その牛」であり，コメントは「1993年4月にフランスの北部からイギリスへ輸入された」である．すなわち，「その牛」はすでにこの文のトピックとなっている．すると，「这」も「那」もトピックを指すのに用いられることになる．また，トピックには「文のトピック（局所的・過程的）」と「談話のトピック（大局的・遡及的）」という2種類のものがある（van Dijk 1977）．丁の言うトピックは，いったい文のトピックを言っているのか，それとも談話のトピックを指しているのかが不明である．

2つ目の対立的な概念として，「已然・未然」が挙げられる．丁によると，「那」は発話時点においてまだ発生していない出来事を指す（例（2））のに対し，「这」はすでに発生したものや出来事を指す．
（2）以色列已故总理伊扎克拉宾始终进行的和平进程是以色列所需要的，因此，任何后任总理都会得出结论，那就是和平进程必须进行下去．
イスラエルの総理，故イツハク・ラビンが，平和統合国家案を始終遂行してきたのは，イスラエルにとって必要なものである．このため，その後の歴代の

序　章　指示詞とは 27

総理も（同じ）結論を出すだろう．それは，平和統合国家案は必ず遂行しなければならないということである．（丁 2003: 32）

　この説は，吉本（1992）の言う未来に起こると考えられる事象は近称のコで指すことができず，条件節中の仮定された事物をさすこともできないという説によく似ている．しかし，金水・田窪（1990）によると，条件節においても情報量が増えれば，日本語のコが用いられるようになる（例（3））．中国語の場合でも同様な傾向が見られる（例（4））．
（3）もし私が家を立てることができるなら，高原の森のなかにロッジ風の家を立てたいね．この/その家には，板張りの広いリビングを作って，大きな暖炉をしつらえるんだ．（金水・田窪 1990）
（4）如果我能盖一间小屋，就想在高原的森林中盖一间小木屋．在这间屋子/那间小屋里，修一间铺着木地板的大客厅，再装一个大暖炉．（（3）の中国語訳）

　3番目の対立は「実在・抽象」である．丁による「実在の対象」とは，具体的なもの，すでに存在・出現したもの，唯一性を持つものである．これを指すときに「这」を用いるが，抽象的なもの，存在・出現していないもの，唯一性を持たないものを指すときに「那」を用いるとされる．まず，「这」を含む具体例を見てみよう．
（5）游人乘火车先后抵达潘普洛纳这个仅有20万人的小城．
観光客が列車に乗って，相次いでパンプローナという20万人の小さな町に到着した．（丁 2003: 32）
（6）"治黄河即治中国"这句格言在现代依然有效．
「黄河を治めるということは，すなわち中国を治めることだ」という格言はいまでも有効である．（丁 2003: 32）

　丁の説明によれば，（5）（6）では「这」はそれぞれ「潘普洛纳（パンプローナ）」「治黄河即治中国（黄河を治めるということは，すなわち中国を治めることだ）」を指している．前者は「実在の都市」であり，後者は「実在の格言」であるため，「这」が用いられている．しかし，（5）（6）の「这」を「那」に置き換えても自然である．ただその場合は，日本語のア系指示詞と同様に観念指示の機能を果たすことになる．また，ここの「这」は日本語のメタ表現「という」に相当するため，完全に指示詞として捉えるべきではないと考えられる．

　抽象的な対象を指すときに「那」が使われる例文は次のようなものとなる．
（7）公共汽车的中门入口处，有一块挺大的空间，不设座椅，专供那些推着婴儿车的母亲使用．
バスの中央乗車口には座席のない大きなスペースがあり，ああいうベビーカーを使っている女性だけのために設置されたものである．（丁 2003: 33）

　（7）では，「那些推着婴儿车的母亲（ああいうベビーカーを使っている女性）」という対象はその場に存在しないため，「那」を用いると丁が説明している．しかし，ここの「那」は明らかに観念指示である．観念指示の場合には，その場に対象が存在しているか否かにもかかわらず，「那」を義務的に用いなければならないのである．また，「ああいうベビーカーを使っている女性」は抽象的な対象ではないように思われる．

　4番目の対立は「肯定・否定」である．丁によると，（8）のAが肯定文，Bが肯定か否定か不明瞭な文，Cが否定文である．肯定文では「这」，否定文では「那」が用いられやすく，不明瞭な文では「这」と「那」の両方が用いら

れるとされる.
　（8）A. 这样很好.
　　　　　これはいいね.
　　　　B. 这样（那样）……不太好说.
　　　　　これは（それは）わからないね.
　　　　C. 那样不好.
　　　　　それはよくないね.（丁 2003: 33）

　（8）の ABC はいずれも前後の文脈を持たない．丁の「肯定・否定」説はほぼ妥当であると考えられるが，その理由について丁は触れていない．これについては，本研究の第4章で談話に対する話し手と聞き手の関わり方という観点から論じる．

　5番目は「共時的叙述と回想的叙述」の対立である．丁の説明では，過去の出来事を叙述するとき，共時的な叙述と回想的な叙述という2つの方法がある．共時的な叙述とは，過去の時点に遡って，その時においてその場にある出来事を叙述することである．この場合には「这」が用いられやすい（(9)）．
（9）从初中二年级起, 我的学习成绩渐渐上升, 特别是数学, 学起来饶有兴趣. 这时绍兴县已并入浙江省立绍兴中学.
　中学校二年生の時から，私の学習成績が徐々に良くなって，とくに数学には興味深かった．このとき，浙江省立紹興中学校がすでに紹興県に合併された．（丁 2003: 35）

　一方，丁は現時点に立って過去のものごとに言及した場合を「回想的な叙述」と呼び，この場合には，「那」しか用いられないとされる（(10)）．
(10) 那是个礼拜日的上午. 那是个晴朗而令人心碎的上午.
　それは日曜日の朝だった．それは晴れているが，悲しい朝だった．（丁 2003: 35）

　この丁の説明はほぼ正しいと言える．しかし，丁は（9）（10）における異なる談話理解のプロセスについて述べていない．この問題はのちの第1章で提示する「談話モデルの埋め込み」でうまく説明できると考えられる.

34)　杨は清華大学コーパスという大規模なコーパスの実例をもとに，「这」と「那」の非対称性と使い分けに焦点を合わせて考察を行った．丁（2003）と同様に，杨も「新情報と旧情報」「定と不定」「現実と非現実」「よく知っているとよく知らない」といった対立的な概念を用いて考察している．なお，杨の結論には丁（2003）と重複するところが多いため，ここからは，杨の独自の主張である「新情報と旧情報」「定と不定」「現実と非現実」「よく知っているとよく知らない」といった4つの対立的な概念をもとに，その研究を検討してみよう．

　まず，杨によれば，旧情報は先行文脈ですでに言及した情報のこと，新情報とは先行文脈にはなく，いきなり談話に導入した情報のことである．旧情報を指すときには「这」，新情報を指すときに「那」が用いられるとされる．
（1）我们现在已经不是100年前的中国, 我们应该把近代史上那种因经济落后而饱受欺凌, 备受耻辱以至造成中国人低人一等的意识统统抛掉.
　われわれはもはや100前の中国ではない．このため，近代史上の経済的に遅れたことで差別され，恥をかかされた，あの中国人は外国人より一段劣っているという意識を捨てるべきだ．（杨 2010: 201）
（2）过去我们因为经济落后而饱受欺凌, 备受耻辱, 甚至有人认为中国人低人一等, 现在我们要把这种观念彻底改变过来.

序　章　指示詞とは

むかし，経済的に遅れたことで差別され，恥をかかされた．中国人は外国人より一段劣っていると思う人もいる．いま，この考え方を徹底的に変えなければならない．（杨 2010: 201）

　杨の説明によると，(1)では，ある新情報がいきなり談話の中に導入されたため，「那」が用いられる．一方，(2)では，「有人认为中国人低人一等(中国人は外国人より一段劣っていると思う人もいる)」という先行文脈がすでに出現したため，この旧情報を指す場合には，「这」が用いられやすいとされる．
　ところが，新情報・旧情報の定義に対する杨の理解が間違っている．一般に新情報とは，聞き手が持っていないだろうと話し手が想定している情報のことであり，旧情報とは，聞き手が持っているだろうと話し手が想定する情報のことである．
　(1)の「那种因经济落后而饱受欺凌，备受耻辱以至造成中国人低人一等的意识（近代史上の経済的に遅れたことで差別され，恥をかかされた，あの中国人は外国人より一段劣っているという意識）」は観念指示であり，つまり，聞き手が分かるだろうと話し手が想定している情報のことである．したがって，これは杨の言う新情報ではなく，旧情報を指すことになる．また，(2)の「有人认为中国人低人一等（中国人は他人より一段劣っていると思う人もいる）」という情報は，聞き手と共有されていないものであると話し手が想定しているため，これこそ新情報となる．以上をまとめると，杨は「新情報・旧情報」について正しく理解しておらず，また，新情報・旧情報という概念を利用しても「这」系と「那」系の使い分けをうまく説明できない．
　2番目の対立的な概念は「定と不定」である．杨によれば，話し手が談話に導入した名詞句は，聞き手にとってよくわかる，または理解できるものは「定」であり，聞き手にとってよくわからない，理解できない名詞句は「不定」であるとされる．定と不定に対する見解は様々あるが，杨のこの理解はほぼ正しいと言える．
　たとえば，(3)の「社会保障，教育，就业等（社会保障，教育，就職など）」はすでに談話に導入された定の名詞句なので，「这」で指すほうが自然である．これに対して，(4)の「一个重大秘密（ある重大な秘密）」はまだ聞き手にとって不明瞭な対象であるため，「那」しか用いられないと指摘している．
(3) 二是企业自身的职能和社会职能要划分开，如社会保障，教育，就业等，这不是企业的职能，应由社会去管．
二番目は，企業自らの機能と社会の機能を分けておく必要がある．例えば，社会保障，教育，就職など，これは企業の機能ではなく，社会の機能である．
（杨 2010: 207）
(4) 翻阅众多的材料，记者发现一个重大秘密，那就是"钢二班"从1964年6月11日至今的30年间，在创造高原汽车部队最佳运输车公里的时候，从来没有发生过一起等级事故．
多くの資料を調べた結果，記者はある重大な秘密を発見した．それは，1964年6月11日からいままでの30年間に，「鋼二班」は高原自動車部隊最良運送車両を獲得した時点まで，一度も減点事故を起こしたこともないということだ．（杨 2010: 207）
　ところが，(3)の「这」を「那」に置き換えても全く問題ない．このことから，聞き手にとって「定」か「不定」かは，「这」「那」の使い分けの理由で

はないことが分かる．

さらに，3番目の対立は「現実と非現実」である．楊によると，現実とは「事実のこと，客観的に存在しているもの，行為，性状または変化」である．一方，非現実は「仮説，または主観的な願い事」などを指すとされる．
　（5）のように，現実的な出来事「这些地方电站都不同程度地与国家大电网产生着矛盾和摩擦（程度は異なるが，これら地方の発電所と国の電力ネットワークとの間で，矛盾と摩擦が生じている）」を指す場合には「这」を使うが，非現実的な対象，例えば（6）の「如果特区的理论工作把这一项工作做好了（特別開発区の理論的な課題の中で，この仕事をうまく遂行できれば）」のような条件節を指すときには「那」を用いると述べている．

（5）这些地方电站都不同程度地与国家大电网产生着矛盾和摩擦，这是不可回避的事实．
程度は異なるが，これらの地方の発電所と国の電力ネットワークとの間で，矛盾と摩擦が生じている．これは避けられない事実だ．（杨 2010: 208）
（6）如果特区的理论工作把这一项工作做好了，那就是特区社科研究对中国社会主义现代化建设的一大贡献．
特別開発区の理論的な課題の中で，この仕事をうまく遂行できれば，それは特別開発区の社会科学研究が中国社会主義現代化建設に対する大きな貢献となろう．（杨 2010: 208）

　この「現実と非現実」という対立的な概念は，丁（2003）の「已然と未然」「実在と抽象」という説によく似ている．しかし，（5）の場合には「这」を「那」に置き換えても全く問題がない．（6）の場合は確かに「那」しか用いられないが，楊はその理由を述べていない．実は，（6）の場合，話し手は単に言葉の世界においてある仮説を立てており，その記憶の中にはこの仮説に対応する属性情報が存在しないため，「那」しか用いられないと考えられる．

　最後に，「よく知っているとよく知らない」という対立が挙げられる．楊によれば，聞き手がよく知っている対象であれば，話し手が「那」を持って指すのが自然である．一方，聞き手にとってよく知らない対象を，「这」で指すほうが自然となる．具体的には，（7）では「这样一句话（このように話した）」の「这」は後方照応であり，後ろの「你变了（あなた，変わったね）」を指している．この内容は聞き手にとってよく知らないものであるため，「那」を用いることはできないとされる．これに対して，（8）の「那」は後ろの「外国的月亮比中国的月亮圆（外国の月は中国のものより丸い）」ということわざを指している．このことわざは中国人であれば誰もがよく知っているものなので，「那」でしか指すことができないとされる．

（7）上海一位文友曾对我说过这样一句话：你变了．
上海に住むペンパルが私にこのように話した「あなた，変わったね」．（杨 2010: 211）
（8）难道真像有些人说的那样，外国的月亮比中国的月亮圆吗？
まさか本当に噂のように，外国の月は中国のものより丸いのか？（杨 2010: 211）

　なお，（7）の「这」の用法は後方文脈指示であり，多く先行研究においても指摘されているように，この場合には近称しか用いられない．また，すでに述べているように，（8）の「那」は文脈指示ではなく，観念指示であるため，後続文脈の「外国的月亮比中国的月亮圆（外国の月は中国のものより丸い）」

序　章　指示詞とは　　　　　　　　　　　　　　　　　　　　　31

を指していない．

35）本書は話し言葉と書き言葉の両方を調査対象とする．また，なるべく作例に頼らず，日本語と中国語の自然談話，ないしそれに近い言語資料を扱う．データに関しては，物語，ニュース，テレビ番組など，様々なジャンルから例文を採集した．具体的には，日本語では『今昔かたりぐさ』，『福娘童話集－きょうの日本昔話』，『FNN ニュース』，『ホンマでっか!? TV』，『現代日本語書き言葉均衡コーパス（Balanced Corpus of Contemporary Written Japanese，以下 BCCWJ と略称する）』中納言，『日本語話し言葉コーパス（Corpus of Spontaneous Japanese, 以下 CSJ と略称する）』，『日英新聞記事対応付けデータ（以下 JENAAD と略称する）』などが含まれる．一方で，中国語のデータとして，『北京晨報（北京朝新聞）』，『民間故事集萃（民間物語集）』，『民間故事（民間物語）』，『民間故事大全（民間物語全書）』，『対話（対話）』，『北京大学中国言語学研究センター CCL コーパス（Center for Chinese Linguistics PKU, 以下 CCL と略称する）』などがある．

第1章

文から談話へ
談話研究の理論背景

1 ─ なぜ談話研究を行うのか

　情報の伝達ということは，言語が持つ一番重要な機能であると考えられる．チョムスキー (Chomsky) に限らず，形式主義な文法研究では言語記号を操作して例文を作ることはごく普通に行われる (後藤 2003)．このような言語学の考え方では，周知のように，談話とは「正しい形式の文の集合」であるというような理想主義的見方で捉えられてきた．

　このような形式主義的な言語観に対して，Halliday & Hasan (1976) を代表とするテキスト言語学者は機能主義言語学の観点から，談話を「文の集まり，言語機能の具現化したもの」であると見なしており，文より大きい単位である「テキスト」を考察している．しかし，テキストとは，「ページに印刷された文の集まり」であるため，照応や省略などの言語現象などを扱う際に限界がある．

　たとえば，テキスト言語学の観点から見れば，例文（1）の「それ」は「6個の料理用リンゴ」，例文（2）の3つの「it」は「an active, plump chicken（生きた，肉付きの良い鶏）」のテキスト上の代用とされる．しかし，Brown and Yule (1983) がすでに指摘しているように，談話文法の観点から見れば（1）の「それ」は「洗われて芯を取られた6個の料理用リンゴ」，（2）の一番目の「it」は「殺された丸鶏」，二番目の「it」は「殺されて調理された丸鶏」，三番目の「it」は「殺されて調理され，4つ切りにされた丸鶏」を指している．テキスト言語学の考え方ではこの問題を十分に扱

うことができない.

（1）料理用のリンゴを6個洗い，芯をとります．それを耐熱皿に入れます．
(Halliday & Hasan 1976 の例文の日本語訳)

（2）Kill an active, plump chicken. Prepare it for the oven, cut it into four pieces and roast it with thyme for one hour.
生きた，肉付きの良い1羽の鶏を殺します．オーブンに入れるための下ごしらえをし，それを4つに切って，タイムと一緒に1時間焼きます．(Brown and Yule 1983)

そこで，談話文法（discourse grammar）は，文文法・テキスト文法では扱いきれない言語現象を解決するため提案されるようになった．

談話とは文の集まりではない．談話に対する定義は様々であるが[1]，東郷（1997）は次の（3）のように談話を定義している．

（3）言語は様々な観点から研究することができる．我々の立場は，言語を研究するには，その言語の抽象的な文法構造だけではなく，実際にその文法規則を用いて発せられたメッセージが，話し手と聞き手の形成する発話の場において，どのように交換され処理されるかを考えなくてはならないというものである．その意味で，我々が研究対象とするのは，文ではなく談話である．（中略）談話とは，話し手と聞き手の間の相互行為により，時系列に沿って，局所的に構築される，心的表象（mental representation）である．

談話の立場から，理論的なモデルを立てて指示表現に関する問題の解決を目指した研究として，Prince（1981）の親近性スケール（Familiarity Scale），Ariel（1990）の到達可能性理論（Accessibility Theory），田窪・金水（1996）の談話管理理論（Discourse Management Theory），東郷（1999）の談話モデル理論（Discourse Model Theory）などといった既存の談話理論がある．

ここからは，指示詞研究への有効性を示した理論的なモデルを順に論じていく．

2 —指示詞の研究に有効性を示した談話理論

まず，Prince (1981) の親近性スケール (Familiarity Scale) について説明する．Princeによれば，あるテキストは，聞き手にある談話モデルを構築するように要求するための一連の手掛かりである．また，聞き手の談話モデルにおける談話指示子 (discourse referent) の認知状態をPrinceは7つに分けている（4）．

（4）親近性スケール（Prince 1981）[2]

Princeの研究は，話し手と聞き手の心的モデルを仮定し，両者による意味理解の動的なプロセスとしての心的操作の観点から談話指示子の認知状態を分類していることは有効である．また，7つの認知状態においては，「（文脈的に）喚起される状態」((textually) evoked)，「状況的に喚起される状態」(situationally evoked)，「未使用の状態」(unused) などは指示詞の研究にも非常に重要な概念であると考えられる．たとえば，「（文脈的に）喚起される状態」は，話し手によって先行文脈で一度言及された名詞句の認知状態であり，本研究の考察対象である文脈指示詞のコとソの最も典型的な状態でもある．「状況的に喚起される状態」は発話現場によって喚起される状態であり，基本的には文脈指示ではなく，現場指示のコ・ソ・アはこの状態にある．「未使用の状態」の場合には，明示的に導入されていないが，話し手と聞き手の談話モデルにあらかじめ存在しており，簡単に検索できるものであるため，観念指示のア系指示詞は未使用の状態にある．

一方で，Princeの親近性スケールの最も大きな欠点は，話し手側と聞き手側の談話モデルを単一な領域として捉えているということである．たと

えば,「(文脈的に)喚起される状態」,「状況的に喚起される状態」,「未使用の状態」の談話指示子は,それぞれ談話モデル理論（東郷 1999）における言語文脈領域,発話状況領域および共有知識領域に登録される.東郷(1999)によると,共有知識領域とは,談話開始以前に話し手と聞き手が共有している知識領域であり,発話状況領域は発話が行われる時空間とその場に存在するものを含む領域であり,この2つの領域は談話開始時で初期値として働く.それに対して言語文脈領域は談話の開始時点ではその初期値はゼロであり,話し手と聞き手の発話によって談話情報がここに書き込まれる.したがって,話し手と聞き手の談話モデルをこの三種類の領域に分ける必要があると考えられる.なお,現場指示詞のコ・ソ・ア,文脈指示詞のコ・ソおよび観念指示詞のアと談話モデル理論との関わりについては,のちに詳しく述べる.

　次に,Ariel（1990）による到達可能性理論（Accessibility Theory）は,聞き手が同定可能と見なされる談話指示子を如何に選択・解釈するかを説明するための理論装置である.到達可能性理論では,すべての「定」の代名詞は,アクセシビリティ・マーカーと見なされる.これらのマーカーは,聞き手が特定の心的表象にアクセスする「手掛かり」である.Ariel の説明によると,心的表象は同様にアクセスできるわけではない.高く,または低く活性化されている同定可能なものもあれば,発話時点では全く活性化されていないものもある.それにもかかわらず,話し手はすべての活性化レベルにおける指示対象を指す.そこで,到達可能性理論は非常に重要な役割を果たす.聞き手は指示対象の内容だけではなく,話し手が示したアクセシビリティの程度に基づいて心的表象を同定できるようになるとされる.

　（5）は Ariel（1990: 73）によるアクセシビリティ・マーカーのスケールを示している.アクセシビリティの高いマーカーは,指示対象を同定する最小限の努力があれば十分であるが,低いマーカーは,記憶から先行詞を喚起するのにより大きな努力が必要である.

（5）アクセシビリティ・マーカーのスケール
　　　アクセシビリティの低いマーカー
　　　名詞句＋修飾部＞名詞句＞長い定叙述＞短い定叙述＞ラスト・ネーム＞ファースト・ネーム＞遠称指示詞＋修飾部＞近称指示詞＋修飾部＞遠称指示詞＋名詞＞近称指示詞＋名詞＞遠称指示詞（－名詞）＞近称指示詞（－名詞）＞アクセントのある代名詞＋ジェスチャー＞アクセントのある代名詞＞アクセントのない代名詞＞接辞代名詞＞極めて高いアクセシビリティ・マーカー・ギャップ（pro（定形節の音形を持たない主語代名詞），PRO（不定形節や動名詞の音形を持たない主語代名詞），wh痕跡，再帰形，項を含む）
　　　アクセシビリティの高いマーカー

　Ariel は，特定の指示表現と心的アクセシビリティの特定の程度との相互関係は恣意的ではなく，アクセシビリティ・スケールは，情報性（informativity），厳密性（rigidity），簡略化（attenuation）[3]という3原則によって決定されると主張し，この3原則は重なり合う場合があると説明している．このほか，Ariel は先行詞のアクセシビリティの状態に影響を与える4つの要素，距離（distance），競合性（competition），顕著性（saliency），統一性（unity）[4]を挙げている．

　到達可能性理論と文脈指示詞の選択との関わりについて，Ariel は文脈指示的用法の場合でも近称・遠称の使い分けは，アクセシビリティの程度差によるものであると指摘している．つまり，近称マーカーはアクセシビリティの高い対象を指すのに用いられ，遠称マーカーはアクセシビリティの低い対象を指すのに用いられると説明している．ここでは，Ariel は Lakoff（1974）の例文を引用している．

（6）S：Dick says that the Republicans may have credibility problems. This/ that　is an understatement.（Lakoff 1974）
　　　ディックは，共和主義者たちは信頼性に問題があると言う．これ／それは控え目な言い方だ．
（7）S：Dick says that the Republicans may have credibility problems.

    ディックは，共和主義者たちは信頼性に問題があると言った.
 H：*This/ that is an understatement. (Lakoff 1974)
    *これ／それは控え目な言い方だ.

 Lakoff (1974) によると，this の場合は，話し手は自分のコメントは（心理的に）近いという意味で近称を使うとされる. Ariel もこの指摘を支持しており，(7) の場合は，遠称マーカー that は，アクセシビリティの低い対象（話し手の発話）を指すことができるが，近称マーカーの this は使えないとされる.

 しかし，例文（7）を中国語に訳すと，以下の（8）（9）のように，近称「这」と遠称「那」のどちらも自然である[5]. Ariel の主張に従えば，近称「这」と遠称「那」は両方ともアクセシビリティの低い対象を指すことになってしまう. 日本語の場合も同じである（(10)(11)）.

（8）S：迪克说，共和主义者有可能在可靠性上存在问题. 这/那是保守的说法.
   ディックは，共和主義者たちは信頼性に問題があると言った. これ／それは控え目な言い方だ. ((6) の中国語訳)
（9）S：迪克说，共和主义者有可能在可靠性上存在问题.
   ディックは，共和主義者たちは信頼性に問題があると言った.
 H：这/那是保守的说法.
   これ／それは控え目な言い方だ. ((7) の中国語訳)
（10）S：ディックは，共和主義者たちは信頼性に問題があると言った. これ／それ／あれは控え目な言い方だ. ((6) の日本語訳)
（11）S：ディックは，共和主義者たちは信頼性に問題があると言った.
 H：これ／それ／あれは控え目な言い方だ. ((7) の日本語訳)

 以上のことから，Ariel は英語の言語事実をもとに到達可能性理論を立てているが，中国語や日本語などを考慮していないということが分かる. 到達可能性理論は普遍的な理論装置であると Ariel は主張しているが，この理論では，以上の中国語と日本語の反例をうまく説明できない. また，Ariel は日本語のような近称と遠称の間にある，いわゆる「中称」を持つ

言語について考察を行なっていない．アクセシビリティ・マーカーのスケールに従うと，中称のソは，「遠称指示詞＞中称指示詞＞近称指示詞」のように，遠称と近称に間に位置づけられるはずであるが，反例（10）（11）から分かるように，アクセシビリティ・マーカーのスケールにソ系指示詞を位置づけることは非常に難しい．

　Arielの到達可能性理論は，すべての定の指示表現を扱い，それらをアクセシビリティ・マーカーと見なし，指示物のアクセシビリティの高低によって選択されるという考え方はとてもユニークなものであり，評価できると考えられる．その一方，先行詞がトピックであるか否か，先行詞と照応詞との距離や同じ段落に存在するか否かなどといった一般的な経験則を越えていない．また，Arielはテキスト上の表層的な現象に過度にこだわり，話し手と聞き手の心的表象を考えていない．さらに，この理論にとって極めて重要な用語であるアクセシビリティについては，十分な定義が行われていないことに問題が残る．

　さらに，田窪・金水（1996）の談話管理理論（Discourse Management Theory）は，Fauconnier（1985）のメンタルスペース理論[6]を対話的談話に拡張して，動的な談話理論の構成を目指した理論装置である．

　田窪・金水は，談話領域を言語情報と記憶データベースの間のインターフェイスとして捉え，2つの下位領域，即ち直示的な指示に関わる直接経験領域（D−領域）と記述的指示に関わる間接経験領域（I−領域）に分けている．

　田窪・金水によると，D−領域（長期記憶とリンクされる）には，長期記憶内の既に検証され，同化された直接経験情報，過去のエピソード情報と対話の現場の情報とリンクされた要素が格納される．一方，I−領域（一時的作業領域とリンクされる）には，まだ検証されていない情報（推論，伝聞などで間接的に得られた情報，仮定などで仮想的に設定される情報）とリンクされる要素が格納される．また，D−領域では直示的指示が可能であるが，I−領域では記述などによって間接的に指示される．

　田窪・金水は談話管理理論を用いて，ア（およびコ）とソの談話指示の

用法の使い分けを解明しようとしている.アとソの使い分けを扱った研究として,久野 (1973) と黒田 (1979) などがある.

久野によれば,ア系列は,話し手も聞き手もよく知っている場合に用いられ ((12)),ソ系列は,話し手は指示対象をよく知っているが,聞き手はよく知らない,または自分の知っている対象かどうか確信が持てない場合に用いられるとされる ((13)).

(12) S:昨日山田さんに初めて会いました.あの／*その人ずいぶん変わった人ですね.
　　 H:ええ,あの／*その人は変人ですよ.（久野 1973）
(13) S:昨日山田という人に会いました.その／*あの人,道に迷っていたので,助けてあげました.
　　 H:その／*あの人,ひげをはやした中年の人でしょう？（久野 1973）

ア系列の指示詞が共有知識を示すという久野の説明に対して,黒田 (1979) が反例を挙げている.

(14) 昨日神田で火事があったよ.？あの／*その火事のことだから,人が何人も死んだと思うよ.（黒田 1979）

(14) では話し手は「火事」のことを知っているが,聞き手はそれを知らない.久野の説明に従えばソを用いるはずであるが,ソを用いると (14) は非文となり,ア系指示詞のほうが,容認度が高いとされる.この問題を解決するため,黒田は久野の観察に基づいて次のような一般化を行なっている.

(15) 黒田 (1979) の一般化
　　 ア（およびコ）は,対象を自分の直接経験の領域にあるものとして捉える.ソは,対象を概念的に捉える.

黒田の説明によれば,「あの火事」の属性は話し手が直接アクセスできる直接経験である一方,「その火事」は概念的な対象であり,談話内で設

定された属性にしか言及していないからであるため，そこから「人がたくさん死んだ」という帰結は当然導けないとされる．

田窪・金水は黒田の一般化を妥当なものとみなし，談話管理理論を用いてそれを発展させた．田窪・金水によると，日本語の指示詞の使い分けは，その検索領域の違いによるものであり，ソ系がI領域を検索領域とし，ア系がD領域を検索領域としている．具体的には，次のように規定している．

(16) 田窪・金水 (1996) によるソ系とア系の探索領域
 I．ア系列は基本的に直示であり，現場，記憶のなかの直接指示できる要素とリンクされる．したがって，談話の中で呈示された属性以外の属性がアクセス可能である．
 II．ソ系列は，基本的に談話の中で呈示され，一時的記憶領域の要素とリンクされる．アクセスされる属性は，談話の中で呈示されたもの，および，それに自明な推論を経て得られる属性のみである．

たとえば，(17) のように，話し手はある指示対象について聞き手と確かめ合う場合にはソが自然となるが，その対象に対して相手との共通経験に言及するときはアが自然となるとされる（例文 (18)）．

(17) その人なら知っています．その／＊あの人，花子さんと見合いした人でしょう．
              （田窪・金水 1996）
(18) その人なら知っています．あの／？その人へんな人ですね．
              （田窪・金水 1996）

談話管理理論では，ソとアの使い分けはうまく説明できると考えられる．しかし，田窪・金水の研究ではコ系列とソ系列の区別についての説明がなされていない．また，田窪・金水によると，聞き手の中に話し手の心を仮定することは，人間の言語処理能力を超え，コミュニケーション上では不経済であり，計算主義の観点から聞き手とその知識状態が談話から完全に排除された[7]．この点について本研究は全く逆のアプローチをとり，聞き手中心の談話モデルを理論的枠組とする．

最後に紹介する東郷 (1999, 2000, 2008) の談話モデル理論 (Discourse Model Theory) は，Fauconnier のメンタル・スペース理論を発展させ，主にフランス語，英語と日本語などの言語における名詞句や代名詞などの意味解釈の問題を解決するために提案された理論装置である．

談話モデル理論とメンタルスペースとの違いとして2点が挙げられる．

(19) 談話モデルとメンタルスペースとの違い
　　Ⅰ．共有知識領域・発話状況領域・言語文脈領域という3種類の心的スペースを仮定する．
　　Ⅱ．話し手側の聞き手側の両方に談話モデルを立て，談話を話し手のモデルと聞き手のモデルの調整作業とみなす．（東郷 2008）

また，談話モデルは以下の3つの下位領域から成る．

(20) 談話モデルの3つの下位領域
　　Ⅰ．共有知識領域（Shared Knowledge）
　　　Ⅰ-1．百科事典的知識領域（Encyclopedic Knowledge）
　　　Ⅰ-2．エピソード記憶領域（Episodic Memory）
　　Ⅱ．発話状況領域（Context of Use）
　　Ⅲ．言語文脈領域（Linguistic Context）

談話モデルは話し手と聞き手の両方の側に設定される．一般的形式は次の (21) のように表示する．DM-S は話し手側のモデル，DM-H は聞き手側のモデルを意味する．

(21) 談話モデル理論の基本モデル図

まず，共有知識という領域には，さらに百科事典的知識領域とエピソー

第1章 文から談話へ 談話研究の理論背景

ド記憶領域という二種の下位領域が含まれる．百科事典的知識領域には一般常識的な世界に関する知識（(22)の「ノーベル賞委員会」と「オバマ」）についての談話指示子（discourse referent）が格納されている．

(22) <u>ノーベル賞委員会</u>は「核兵器なき世界」の実現に向けた<u>オバマ氏</u>を高く評価した．（作例）

　これらの談話指示子はあらかじめ共有知識領域に a1 として存在するため，先行文脈がなくても，談話に直接に導入することが可能である．以下の (23) のように，「ノーベル賞委員会」や「オバマ」は，話し手の発話によって a2 として DM-S の言語文脈領域に導入される．

(23)

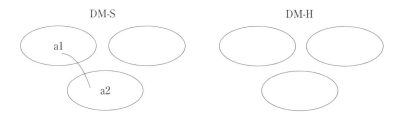

　話し手の発話によって導入された談話指示子 a2 は聞き手の言語文脈領域にコピーされ，a3 となり，この a3 と聞き手の共有知識領域の a4 との同一性が確認され，a1，a2，a3 と a4 はすべて ID コネクタに結ばれ，解釈は完了する（図 (24)）．

(24)

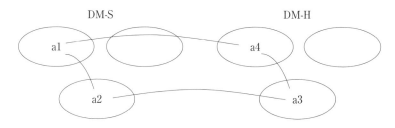

次に，エピソード記憶領域には，普遍的な知識ではなく，話者個人の経験や知識に関する談話指示子が格納されている．たとえば，例（25）では，話し手と聞き手にとって翔太という個人の経験や知識に関する談話指示子 a1 と a4 がそのエピソード記憶領域にあらかじめ存在することが解釈の前提である．

(25) 翔太ならお風呂に入っているよ．（作例）

この解釈の過程は例（22）とほぼ同じであるが，例（22）の a1 と a4 は百科事典的知識領域に登録されているのに対して，（25）の a1 と a4 は話し手と聞き手のエピソード記憶領域に登録されている．

(26)

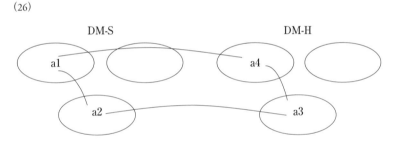

以上の共有知識領域に格納されている対象，たとえば「レオナルド・ダ・ヴィンチ」や「マイケル・ジャクソン」のような誰でも知っている人物を指し示す時，日本語では観念指示のア系指示詞を用いる．なお，本研究はコ系とソ系の文脈指示のみ扱うため，観念指示のア系には立ち入らない．

次に，発話状況領域は話し手と聞き手を含む発話の場であり，この場を含め，この場に存在する目に見えるもの（例（27）の「ノートパソコン」），目に見えないもの（例（28）の「音楽」）が全て発話状況領域に登録される．

(27) （指さしながら）そのノートパソコンって最新型？（作例）
(28) 私はいつもこの音楽に癒される．（作例）

以上の用例では話し手は「そのノート」「この音楽」などの指示表現を発話し，談話指示子を自らの言語文脈領域に導入する．これらはまた DM-H の言語文脈領域に転送され，聞き手は現場にあるその指示対象を発見し，a 1～a 4 の同一性が確認される．

(29)

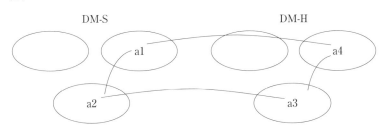

発話状況領域に格納されている談話指示子に関する指示は現場指示に相当する．また，堀口 (1978) の提示した絶対指示もこの領域の談話指示子を指す（この町，この国など）と考えられるが，本研究では絶対指示を独立した分類として扱わない．

最後に，言語文脈領域について説明する．本研究の研究対象である文脈指示詞のコ・ソ（中国語の「这・那」）はこの領域に登録される．

談話が始まる前に，言語文脈領域には何も登録されず，その初期値がゼロである．話し手と聞き手による談話の展開につれて，言語文脈領域には言語情報が入力され，累積されていく．例文 (30) では「変わったおばさん」によって，これに相当する談話指示子 a 2 が言語文脈領域に導入され，文脈指示の「この人」は a 2 を指している（(31)）．

(30) 近所に変わったおばさんがいて，この人は深夜になると歌い始める．（作例）

(31)

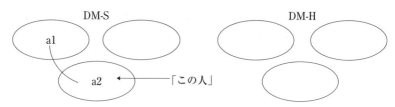

このほか,物語ではよく現れるが,「談話モデルの埋め込み」が起きる場合がある.よく似ている説として,金水・田窪の「視点遊離説」および吉本(1992)の「感情移入説」[8]がある.それぞれ妥当ではあるが,東郷(2000)はより一般的な形で次のようにモデル化している.

(32) 談話モデルの埋め込み(東郷 2000: 7)
「われわれは,小説や物語で架空の世界について語るとき,その架空の世界の地理的場面は,想像上の発話の場として把握される.また,自分の過去について物語るとき,発話時点の「今1・ここ1」を離れ,思考のなかで過去の世界に移動し,その世界に新たに「今2・ここ2」を構築し,それを基準点として新たな空間的・時間的関係を創り出すことができる.新たに構築された「今2・ここ2」をパラメータとする談話モデルは,「今1・ここ1」の談話モデルのなかの,言語文脈領域の内部に埋め込まれたものと見なすことができる.」

たとえば,次の例文は談話モデルの埋め込みが起きたケースである.

(33) 獣はまだ近くにいる.鉄砲の音がしたら,普通の獣は逃げてしまうものだ.(中略)これは普通の獣じゃない.化け物かもしれん.(『今昔かたりぐさ』)

(33)の「これは普通の獣じゃない.化け物かもしれん」は話し手が登場人物の視点からの発話となる.この発話は現場性の強いものであり,文脈指示に埋め込まれた現場指示と見なすことができる.

「これ」は,物語の世界(大きな楕円形)の現場にあるものであり,埋め込まれた談話モデル2(大きな楕円形の中にある3つの小さな楕円形)の発話状況領域に登録されたa1を指している.このため,「これ」は埋め込まれ

る談話モデル2の発話状況領域においては現場指示であるが，それを包含する上位の談話モデル1においては文脈指示となる（(34)）．

(34)
話し手Sの談話モデル1

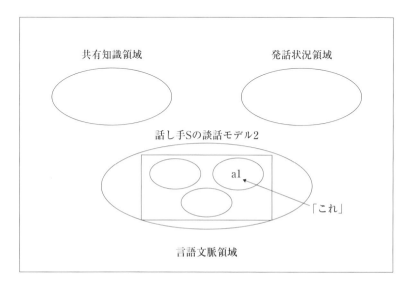

　指示詞の機能と用法を明らかにするには，聞き手とその知識状態を排除してはならない．Fauconnier（1985）のメンタル・スペース理論では聞き手があまり考慮されていない．談話管理理論（田窪・金水 1996）では，聞き手が完全に排除されたため，話し手と聞き手の両者を重視した東郷（1999, 2000）の談話モデル理論を理論的枠組とする．

　談話における話し手と聞き手の相互行為という観点から考えると，話し手は自らの心的スペースを聞き手の心的スペースと区別して捉えるのか，それとも区別せず自らの心的スペースと聞き手の心的スペースを一つのものとして捉えるのかという情報提示の方略の違いによって，指示詞の使い分けも異なってくると考えられる．ゆえに，談話モデル理論をそのまま利用せず，文脈指示を以下の「対立型」と「融合型」という二つのパタンに

分ける．

　対立型の典型的なものは「対話」である．対話の時，話し手と聞き手の談話モデルの全領域（共有知識領域，発話状況領域，言語文脈領域）はすべて利用可能となる．話し手と聞き手は各自の情報を持ち，談話に対する話し手と聞き手の関わり方は，基本的には対称的であると考えられる（(35)）．

(35) 談話モデルの対立型（対話）

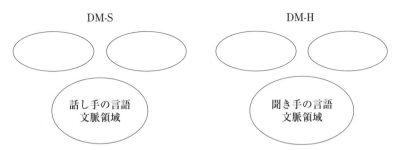

　一方，融合型の典型的なものは「物語」である．この場合には，話し手によってある物語の世界が作られ，そこに聞き手の参入が要求される．このとき，話し手の言語文脈領域と聞き手の言語文脈領域は一体化し，共通した言語文脈領域が形成される．話し手は一方的に情報を占有しているが，聞き手を引き込むため，少なくとも見かけ上では聞き手と対等の立場で談話に関わっているように情報を提示する（(36)）．

(36) 談話モデルの融合型（物語）

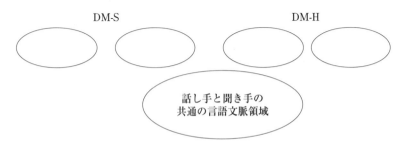

　以上，Prince (1981) の親近性スケール，Ariel (1990) の到達可能性理論，

田窪・金水 (1996) の談話管理理論,東郷 (1999) の談話モデル理論といった文脈指示詞を扱う際に有効性を示した談話理論を概観した.

なお,これまでの談話の理論は主に英語を中心に展開されてきた.しかし,指示詞を扱う際に,英語は聞き手の存在をあまり考慮せず,話し手を基準に使い分けられる点 (Quirk 1985) が日本語と異なっているため,そのような談話理論は日本語の文脈指示詞の問題を扱う際に必ずしも有効とは言えない.したがって,本研究は聞き手中心の談話モデル理論 (東郷 1999) を採用し,話し手が聞き手への情報提示の方略の違いによって,談話モデルを対立型と融合型という2つのパタンに分類した.

3 ― 談話モードの重要性

本研究の重要な発見の一つとしては,文脈指示詞の用法は談話ジャンルに左右され,制限されるということである.すでに言及しているように,庵 (2007) は主に新聞ジャンルにおける調査をもとに「この」と「その」の選択原理を構築している.また,庵 (2008) が新聞において「この」が「その」を上回り,小説では「その」が「この」を上回ることについて,「このことの解釈は今後の課題」と問題を残しているが,解決策には触れていない.これに対して,劉 (2011) が指摘するように,コ系とソ系の文脈指示における選択問題にとって,談話ジャンルの重要性は無視できない.

劉 (2011) では「FNN ニュース」「BCCWJ 哲学書籍」「BCCWJ 文学書籍」「CSJ 学会インタビュー」「日本語会話データベース」「CSJ 自由対話」という6つのジャンルにまたがり,指定指示の「この」「その」の使用傾向を調査した.その結果は次のようである (劉 2011: 78-79).

(37) 6つのジャンルにおける「この（黒）」と「その（白）」の使用傾向

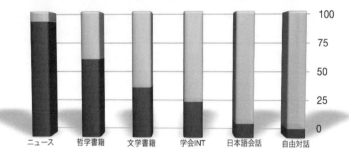

(38) 6つのジャンルにおける「この」と「その」の使用数

	FNN ニュース	BCCWJ 哲学書籍	BCCWJ 文学書籍	CSJ 学会 INT	日本語会話 DAT	CSJ 自由対話
この (全体)	116例 (92.1%)	139例 (62.3%)	264例 (40%)	12例 (28.6%)	18例 (11.2%)	4例 (7.4%)
その (全体)	10例 (7.9%)	84例 (37.7%)	396例 (60%)	30例 (71.4%)	143例 (88.8%)	50例 (92.6%)

　この調査の結果から，日常会話ではソが多く用いられるが，ニュースではコの出現率が高いことが分かる．つまり，指示詞の用法は談話ジャンルに依存するのである．これは今までの指示詞研究では一度も触れられたことのない発見と言える．

　談話ジャンルは話し言葉と書き言葉という位相ではない．談話ジャンルとは，円滑な人間関係を築くために話し手と聞き手が行うコミュニケーションや会話，情報の一方的な伝達を目的とする新聞・ラジオ・テレビなどによる報道やニュース，話し手がある虚構の世界を作り上げ，そこに聞き手を引き込む物語や昔話，話し手が聞き手をあまり考慮せず，自由に自分の感想や意見を述べる随筆やエッセーのように，話し手と聞き手による談話発動の方略および発話の目的によって区別される談話の位相のことである[9]．

　平澤（1992）がすでに指摘しているように，様々な談話ジャンルは「伝

達型」「説得型」「情感型」「混合型」という4種類のクラスターを成している．本研究ではこのようなものを談話ジャンルの上位カテゴリーと見なし，仮に「談話モード」と呼ぶことにする．会話，ニュース，物語，随筆などの談話ジャンルは，それぞれの上位にある談話モードに分類される．たとえば，のちに紹介する「対話モード」には日常会話や電話の対応，「情報伝達モード」にはニュース報道や商品の説明書，「語りのモード」には物語や紀行などが含まれる．

これまで，談話モードについて考察した研究として，de Beaugrande & Dressler（1981），Rosakis（2003），Smith（2003）などが挙げられる[10]．その中，伝統的な修辞学の観点からの分類に対して，特に，言語学の観点から談話モードについて詳細に考察したSmith（2003）を紹介しておきたい．

Smithは，「状況（situation）」「時間性（temporality）」及び「（テキストの）展開（progression）」という3つの要素をもとに，テキストの局所的な構造として，語り（narrative），描写（description），報告（report），情報（information）と議論（argument）の5つの談話モードを設定し，書き言葉の談話構造を分析している．また，「状況」には「出来事（event）」，「状態（state）」，「一般論（generalization）」及び「抽象（abstraction）」が含まれ，これらは語り，描写，報告，情報と議論の談話モードによって，談話の世界に導入される．さらに，5つのモードは，談話展開の特徴的な原則，いわゆる「時間を伴う展開（temporal progression）」と「時間を伴わない展開（atemporal progression）」を持つ．Smithによれば，一般に語りモードは特定の「出来事」と「状態」の状況を談話に導入する．テキストは，語りにおける動的な時間軸に沿って展開される．これに対して，描写モードは，基本的には「出来事」と「状態」及び「進行中の出来事」という状況を導入し，静的な時間の中で，シーンなどを通じて空間的なテキスト展開が行われる．報告モードは，主に「出来事」「状態」「一般的状況（general statives）」を談話に導入する．報告モードは，動的な時間の流れを伴い，テキストの展開は発話時間に沿って行われる．情報モードは，主に「一般的状況」を導入し，時間の流れを伴わず，テキストの領域における隠喩的な移動によって展開され

る。最後に、議論モードも時間の流れを伴わず、主に「事実」や「命題」、「一般的状況」を導入する。テキストの展開は、情報モードと同じである。

談話モードの特徴は、表（39）にまとめられる（Smith 2003）。

(39) Smith (2003) の談話モードの特徴

	語りモード	報告モード	描写モード	情報モード	議論モード
状況	特定の出来事と状態	出来事、状態、一般的状況	出来事、状態、進行中の出来事	一般的状況	事実、命題、一般的状況
時間の流れ	動的	動的	静的	持たない	持たない
展開	語りの時間に沿って展開する	発話時間に沿って展開する	シーンによって空間的に展開する	テキストの領域での隠喩的な移動	テキストの領域での隠喩的な移動

Smith (2003) は言語形式をもとにテキストの複雑な構造を分析し、統語的・意味的に識別できる5つの談話モードを立てて、実証的・客観的にテンスとアスペクトに関わる問題を扱った研究であり、談話モードの研究の集大成と言えよう。

Smith (2003) を含む先行研究は、書き言葉のみ考察しており、対話のような話し言葉を研究対象から排除した。しかし、対話は人間のコミュニケーション方式における最も基本的なパタンであるため、対話モードを考慮した分類が求められる。また、Smith などはテキストレベルの言語形式に過度にこだわり、談話を話し手と聞き手との相互行為として捉えた研究はほとんどない。これに対して、本研究は先行研究の書き言葉に関する有効な分類を基礎としながら、それを話し手と聞き手の相互行為の観点から自らの論考に取り入れる。また、書き言葉のみならず、話し言葉の談話モードを考察に入れる。

具体的には、本研究は「話し手と聞き手による談話の目的」、「話し手と聞き手の談話に対する関わり方」および「話し手と聞き手の利用可能な談話モデルの領域」という3つの要素が談話にどのように関わっているかと

いう観点から,「語りのモード」「情報伝達モード」および「対話モード」の3種類の談話モードに分ける.

3.1 語りのモード

ここでいう語りのモード (narrative mode) には,基本的には B&D (1981) と Rosakis (2003) の「語り」に相当し,Smith (2003) の「語り」と「描写」の両方が含まれる.

語りのモードの典型的なジャンルとして,語り手によって作り上げられた架空の物語や昔話 (例文 (40)),虚構ではなく事実に即して作られたドキュメンタリーや紀行などがある (例文 (41)).

(40) 昔話の例文
　　　むかしむかし,ある山に一匹のキツネが住んでいました.このキツネ,時々村へおりてきては,三本松のあたりで人を化かすのです.
　　　ある日の事,百姓がこのキツネの事を話していると,そこへ旅の侍が通りかかって,「そんな野ギツネの一匹ぐらい,拙者が退治してくれるわ」と,毛だらけの太い腕をまくって言いました.(『福娘童話集きょうの日本昔話』)

(41) 紀行の例文
　　　搭乗口付近の座席は,大勢の熱気と交わす話し声で活気が溢れている.ほかのゲートは対照的に閑散としている.テロは怖いが旅行は止められない人達が,中国になびき集っているようだ.中国人の早口でまくし立てる会話は,まるで喧嘩しているようだ.熟年女性グループの絶え間のない会話も形無しで,まるで内緒話をしているようだ.そんな谷間に私たち夫婦の,圧倒されポツンと座っている姿があった.
　　　(田中和義 『冬木わぎの紀行文』 http://www.orahoo.com/tanaka/)

(40) は架空の物語であり,(41) は事実に即した紀行文である.両者はともに動的な時間性を持ち,その時間の流れに沿って語りが展開される.

語りのモードでは,話し手 (語り手) の目の前に聞き手 (読み手) はいない.談話の目的は聞き手を談話に引きこむことである.また,話し手は一

方的に情報を占有しているが,聞き手を話の中へ引き込むため,話し手はなるべく一方的な発言や主観的な感情移入を避け,聞き手と一体感を持って物語を展開する.このとき,話し手は聞き手と対等の立場で談話に関わっているように情報を提示しているため,談話に対する話し手と聞き手の関わり方は,少なくとも見かけ上では対称的である.

また,談話モデルの観点から語りのモードを見る場合,話し手によってある物語の世界が展開され,そこに聞き手の参入が要求される.このとき,話し手の言語文脈領域と聞き手の言語文脈領域は一体化し,共通した言語文脈領域が形成される.また,語りのモードでは一般に発話状況領域は利用されない.最も利用されるのは言語文脈領域であるが,聞き手の共有知識を喚起する時に「あの秦の始皇帝」と発話し,共有知識領域を利用することもある.さらに,物語の登場人物の視点から描写する際に,談話モデルの「埋め込み」が発動され,埋め込まれた談話モデルの領域も利用可能になる.

(42) 語りのモードにおける談話モデル状態[11]

3.2 情報伝達モード

本研究の情報伝達モード (announce mode) は,広い意味で捉えると,Rosakis (2003) の「説明」と「論説」,Smith (2003) の「情報モード」と「議論モード」が含まれる[12].

しかし,ここでいう情報伝達モードはSmithのいう「報告モード」と異

なる．Smith の「報告モード」は基本的に従軍記者のようにレポートの時間に沿って展開されるものであるため，動的な時間の流れを持つ．本研究の情報伝達モードの典型的なジャンルと考えられるのは，マスコミにより提供される事実，もしくは事実と思われるものについての報道（例文(43)）や，商品の機能や特徴について説明することを目的として書かれた説明書（例文(44)），多くの人に情報を知らせるために人目につきやすい場所にある張り紙（例文(45)）などがある．

(43) ニュース報道の例
　　21 日午後，富山市の銭湯で火事があり，ボイラー室の壁などを焼きました．この火事によるけが人はいませんでした．（KNB ニュース http:/ / www.knb.ne.jp/ news/ detail/ ?sid=298）
(44) 商品説明書の例
　　給紙カセットを引き出します．用紙が給紙カセットに入っている場合は，用紙を取り除きます．セットする用紙に合わせて，給紙カセットの長さを調節します．後側の用紙ガイドのロック解除レバーをつまみながら，セットする用紙サイズの位置に合わせます．
　　（キヤノン『簡単操作ガイド』「給紙カセットに用紙をセットし，印刷する方法」http:/ / cweb.canon.jp/ e-support/ guide/ pdf/ lsk0611001. pdf）
(45) 張り紙の例
　　＜エレベーターご利用の皆様へ＞
　　ご利用中に停電になると，中に閉じ込められる可能性があります．計画停電の際は，エレベーターをご利用しないようにお願いいたします．ご不便をお掛けいたしますが，ご理解とご協力をお願いいたします．
　　（三菱電機ビルテクノサービス『ビル管理者のための張り紙集』http:/ / www.meltec.co.jp/ infor/ poster/ __icsFiles/ afieldfile/ 2011/ 03/ 24/ riyoohirase.pdf）

　語りのモードと同じように，情報伝達モードにおいても話し手の目の前に聞き手はいない．しかし，語りのモードと異なるのは，情報伝達モードでは話し手は聞き手を想定せず，談話は話し手の一方的な伝達によって展開される．つまり，談話の目的はあくまでも一方的な情報伝達ということ

である.このため,談話の相互行為としての性格が非常に弱い.また,話し手は一方的に情報を占有し,情報の全面的な保有者として振る舞うため,談話に対する話し手と聞き手の関わり方は非対称的である.さらに,情報伝達モードにおいては動的な時間の流れはない.

情報伝達モードでは,談話は話し手の一方的な伝達によって展開されるため,談話モデルの状態は対立型であると考えられる.また,ニュースなどを伝えている場合,共有知識領域のうち百科事典的知識領域は利用可能であるが,個人的エピソード領域はふつう利用できない.目の前に聞き手がいないため,発話状況領域も利用できない.したがって,情報伝達モードでは最も利用されるのは言語文脈領域である.

(46) 情報伝達モードにおける談話モデル状態

3.3 対話モード

最後に,対話モードについて説明する.

普段の生活における日常会話(例文 (47)),携帯電話同士で短い文字を送受信するショートメッセージ(例文 (48))などは,対話モード(conversational mode)の典型的な談話ジャンルである.

(47)(話し手と聞き手はサークルについて話している)
　　　S:でっ,あの,大学ではなんかサークルとか,クラブとか.
　　　H:それは属しておりません.

S：あっ，全然属してない．
　　H：はい．
　　S：何か意見があって属さないんですか．
　　H：いえ，ちょっと，あまり入りたいと思うとこがなかったので．
　　　　　　　　　　　　　　　　　　　　　（日本語会話データベース）
(48)（話し手と聞き手はショートメッセージを互いに送っている）
　　S：こかかさふにつままマヤヤノロって
　　H：文字化けして読めないよ〜
　　S：ごめん，子供が適当に打って送っちゃったみたい．
　　H：すごい子供だな〜立派じゃ！
　　　　　　　　　　　　　　（http://someya.tv/xperia/800/sms2011713.html）

　対話モードでは，話し手と聞き手による円滑な談話継続が目的である．談話は両者の相互行為によって展開される．目の前に話し相手がいるため[13]，常に互いの知識状態を査定しなければならない．したがって，この対話モードでは，談話の相互行為としての性格は最もよく現れる．

　また，話し手と聞き手は各自の情報を持ち，どちらかが一方的に情報を占有するというわけではない．このため，談話に対する話し手と聞き手の関わり方は，基本的には対称的であると考えられる．

　さらに，図（49）のように，対話モードでは談話モデルの全領域（共有知識領域，発話状況領域，言語文脈領域）はすべて利用可能となる．

(49) 対話モードにおける談話モデル状態

※

　本章では，Prince（1981）の親近性スケール，Ariel（1990）の到達可能性理論，田窪・金水（1996）の談話管理理論，東郷（1999）の談話モデル理論といった文脈指示詞を扱う際に有効性を示した談話理論を概観した．そこで，これまでの談話の理論は主に英語を中心に展開されてきたことが判明した．指示詞を扱う際に，英語は聞き手の存在をあまり考慮せず，話し手を基準に使い分けられるところが日本語と異なっているため，そのような談話理論は日本語の文脈指示詞の問題を扱う際に必ずしも有効とは言えない．したがって，本研究は聞き手中心の談話モデル理論（東郷1999）を採用し，話し手が聞き手への情報提示の方略の違いによって，談話モデルを対立型と融合型という2つのパタンに分類した．

　同時に，指示詞の使用は談話ジャンルに強く依存することは，従来の研究では一度も触れられたことがない．そこで，本書は談話ジャンルの上位カテゴリーとして，「談話モード」の概念を提唱した上，「話し手と聞き手による談話の目的」，「話し手と聞き手の談話に対する関わり方」と「話し手と聞き手の利用可能な談話モデルの領域」の三要素が談話にどのように関わっているかという観点から，「語りのモード」，「情報伝達モード」と「対話モード」という三種類の談話モードを提示した．のちの第2章，第3章および第4章では，それぞれの談話モードにおける日本語と中国語の文脈指示の異なる振る舞いを考察し，それを統一的に説明できる選択原理の構築を目指す．

注

1） たとえば，Du Bois（2003）が談話を「言語使用」として捉えている．談話というものは，話し言葉や書き言葉などの形態にこだわらず，新聞，小説，漫画，手紙，講演，面接，電話の会話などあらゆる形式・意味・文脈を含む状況における発話を媒介とした言語産出，または言語使用であるとされる．
2） （textually）evoked とは，ある名詞句が先行文脈で話し手によって言及された状態を指す．この場合には，談話指示子はすでに聞き手の談話モデルに登録されているとされる．situationally evoked とは，周囲の状況，つまり発話の場によっ

て聞き手に喚起される状態である．談話指示子は一人称・二人称代名詞の I と you，指示詞の this/ that，定名詞句などで表現されることが多い．三番目の認知状態は unused である．これは，談話には導入されていないが，話し手と聞き手の談話モデルにはすでに存在し，簡単に検索できるものである．例えば，話し手が Noam Chomsky went to Peking last year という場合には，談話指示子は Noam Chomsky という固有名詞で表される．次の inferrable とは，聞き手の談話モデルにすでに存在する談話指示子を介して連想される状態である．例えば，I got on a bus yesterday and the driver was drunk というでは，the driver は a bus によって連想されるため（バスには必ず運転手がいる），照応関係が成り立つわけである．五番目の状態は containing inferrable，これは inferrable の下位クラスであり，連想照応の表現自体に含まれ，喚起されるという状態を意味する．例えば，One of those glasses is broken の場合には，one of those glasses は those glasses に含まれ，それによって喚起される．六番目の状態は，brand-new anchored である．上の状態と異なって，brand-new anchored の場合には，談話に初めて登場するが，既存の談話モデルや話し手と聞き手との相互関係から検索できる．最後は，brand-new (unanchored) である．初めて談話に登場し，聞き手の談話モデルにも登録されていない場合がこれに当たる．談話指示子は不定名詞句で表される場合が多い．例えば，I got on a bus yesterday and the driver was drunk の場合，a bus は brand-new (unanchored) であるのに対して，A friend of mine lives in Kyoto の a friend of mine は brand-new anchored である．なぜなら，この新しい個体は話し手に密接に関係しているからである．

3) 情報性とは，より豊富な情報を含む表現ほど，アクセシビリティが低い．例えば，ゼロ代名詞はその他の表現より高く，代名詞は定の記述より高く，短い表現は長い表現より高いなど．次に，厳密性とは，よりユニークな表現は，比較的に柔軟な表現に比べ，アクセシビリティが低い．例えば，固有名は代名詞よりアクセシビリティが低い．さらに，簡略化とは，アクセシビリティが低い場合，音韻的に長い表現が用いられない．例えば，定の叙述は代名詞よりアクセシビリティが低い．

4) 距離とは，いわゆる先行詞と照応詞の間の距離である．距離が遠ければ遠いほど，到達可能性が低くなるとされる．また，競合性とは，先行詞の役割を果たすための候補の数．その数が一つであれば到達可能性は高く，二つ以上であれば低い．さらに，顕著性とは，先行詞は顕著であるか否か（トピックであるかどうか）ということである．先行詞がトピックであれば，到達可能性は高い．最後に，統一性とは，先行詞は照応詞と同じフレーム・世界・視点・節や段落に存在するということを指す．同じであれば，到達可能性は高いとされる．

5) この問題については，本書の第4章で談話モデルにおける日本語と中国語の談話指示子とその関連情報の転送原則の違いによって詳しく説明されている．

6) メンタル・スペース理論 (Mental Spaces Theory) はフランスの言語学者 Fauconnier (1985) によって提唱された言語理論である．Fauconnier は統語的な見方を採らず，形式論理の立場からの意味論とは異なった考え方を提示している．Fauconnier は指示表現の意味と現実の間にメンタル・スペースが存在すると主張し，従来の意味論では説明のできなかった問題に解決法を提案した．また，従来の研究とは異なり，メンタル・スペース理論では心的スペースが設けられている．Fauconnier はこのような心的スペースを一つではなく，複数（現実スペース，信念スペースや反事実仮想スペースなど）に設定している．それに

7） この説を支持している研究として，堤（2002, 2012）が挙げられる．
8）「視点遊離のコ」とは，語り手が現場や聞き手に影響されることなく，自分の視点を自由に話中の登場人物に近づけ，話の登場人物の目から見て近いと感じられるものをコでさすということである（金水・田窪 1990）．また，吉本（1992）のいう「感情移入」とは，想像上の世界のある人物を，話し手が自分を同一視することである．たとえば，次の例文はその典型例となる．
　（1）うとうととして目が覚めると女は何時の間にか，隣の爺さんと話を始めている．この爺さんは慥かに前の前の駅から乗った田舎者である．（『三四郎』）
9） 日本語の文章論の領域においてジャンルについて論じた研究として，阪倉（1963），平澤（1992），日本語記述文法研究会（2009）などが挙げられる．阪倉（1963）の機能による文章の分類は4つに分かれる．まず，第1類は情報伝達を目的としない．たとえば，日記などの独語的な文章がこれに当たる．第2類は特定の相手を情報伝達の対象として，手紙などのような文章は第2類に分類される．これに対して第3類は不特定の相手へ伝達する文章であり，報道文や論説文などはこれに相当する．最後の第4類は内言的な性格が強く，小説や詩などの内言的な文章は第4類に分類される．また，平澤（1992）は文章の目的，相手（特定か不特定か），文体などに基づいて，報告文，説明文，学術論文など13種類のジャンルの文章を比較した．そして，この13種類のジャンルは「伝達型」「説得型」「情感型」「混合型」という4種類のクラスター（集団，群など）を成しているとされる．さらに，日本語記述文法研究会（2009）（『現代日本語文法7』）によれば，典型的な談話ジャンルには，物語文，随筆文，報道文，論説文，記録文，書簡文などがある．
　日本語の文章論における談話ジャンルの分類は，基本的には機能や目的によって決められている．これに対して，英語のテキストについての研究では，社会的な目的という観点からジャンルを分類することが多い．英語のテキスト研究において，談話ジャンルを体系的に分類した代表的な研究として，Longacre（1976）が挙げられる．この研究では，時間の流れを持つか否か，表層なのか深層なのかなどといった判断基準をもとに，「語り（narrative）」「手順（procedural）」「説明（expository）」「勧告（hortatory）」という4つの談話ジャンルが設定されている．しかし，Reddick（1992）がすでに指摘するように，Longacreの分類には「非連続」「非経時的」などといった消極的なカテゴリーが多い．
10） de Beaugrande & Dresslen（B&D）（1981）では，談話モードは「語り（narration）」「描写（description）」と「論説（argumentation）」という3タイプに分類されている．Rosakis（2003）では，書き言葉の談話モードは一般に「説明（exposition）」「論説（argument）」「語り（narration）」「描写（description）」という4つの下位モードに分かれるとされる．「説明」は解釈，または情報を与えるために書かれるものである．商品の説明書，ビジネスレター，自然科学のドキュメンタリーなどはこれに含まれる．「論説」は，論理的に自らの主張を人に納得，または確信させるために作られるものである．学術論文，商品を宣伝するための広告，社説などはこれに含まれる．「語り」は，ある物語を語るための書き言葉である．その中，語り手によって一連の出来事が物語られる．出来事はフィクションとノンフィクションという2つのタイプがある．フィクションには虚構の小説のようなものが含まれ，ノンフィクションには歴史的な事実を語

る自伝や伝記などが含まれる．「描写」とは，読み手がそのイメージを想像できるため，ある人や出来事，行為などを描写することである．典型的な文体は日誌や詩などである．

　以上の研究における分類は類似しているところもあれば異なるところもある．また，伝統的な分類は，基本的には Aristoteles の「詩学」の考え方を受け継いできたものであり，より言語学的な観点から談話モードにアプローチする研究が求められる．

11) 本研究では，目の前に聞き手がいない場合の談話モデルの領域を点線で示す．
12) 先行研究では，「説明（ないし情報）」と「論説（ないし議論）」という二つのモードを分けるものが多い．しかし，本研究では，談話の目的，話し手と聞き手の談話に対する関わり方，話し手と聞き手の利用可能な談話モデルの領域という3つの観点から，この2つのモードを広い意味での「情報伝達モード」として扱う．

　つまり，「説明」も「論説」もその目的は，話し手が信頼できる根拠や実証的なデータに基づいて聞き手に情報を伝達することである．また，話し手は情報の全面的な保有者であり，聞き手の関わりは非対称的となるため，談話モデルの状態は対立的である．さらに，「説明」と「論説」では目の前に聞き手がいないため，一般に発話状況領域は利用できず，利用できるのは，言語文脈領域と共有知識領域におけるエピソード領域である．

13) ショートメッセージの場合には，話し手の目の前に聞き手がいないが，携帯電話の向こう側にいる聞き手を特定できるため，この場合も対話モードに含まれると考えられる．

コラム

古代中国語の文脈指示詞
── 「此・其」「这・那」

　古代中国語には2種類の書き言葉がある．その1つは「文言」であり，もう1つは「白話」である．一般に，文言は文章体の書き言葉であり，白話は口語体をベースに作られた書き言葉（つまり，書き起こされた話し言葉）とされるため，区別する必要があると思われる．広い意味で考えられば，それぞれ本研究の言う「語りのモード」と「対話モード」に相当すると考えられる．

　文言で用いられる文脈指示詞は「这・那」ではなく，「此・其」という二項対立の指示詞である（表1）．また，表2から，白話では宋元から現代にかけて，「这」「那」の割合が徐々に上昇し，「此」「其」の割合が減少していることが分かる．この4つの指示詞の使い方をさらに観察すると，「这」「那」「此」「其」はすべて白話において用いられるが，「此」「其」は書き言葉，または小説の地の文において用いられやすいのに対して，「这」「那」は白話の話し言葉において用いられやすいことも明らかになった．さらに，現代中国語では，「此」「其」は慣用表現（「此地（ここ）」「此时此刻（この時）」「独善其身（独りよがりになる）」など）に現れるが，一般に指示詞として用いられなくなった．これに対して「这」「那」は近称・遠称指示詞として定着し，広く用いられるようになった．

表1．先秦から清代までの文言における文脈指示詞「这」「那」「此」「其」の使用傾向（劉 2012b から引用）

	这	那	此	其
先秦,漢,晋	8	0	335	2153
唐代	0	0	381	715
宋元	6	2	665	1433
明代	18	4	1315	2301
清代	3	3	5619	11280

表2．唐代から清代までの白話における文脈指示詞「这」「那」「此」「其」の使用傾向（劉 2012b から引用）

	这	那	此	其
唐代	0	0	18	72
宋元	93	65	150	33
明代	3650	2764	3357	1447
清代	7807	4509	1536	418
現代	9664	4382	358	520

　つまり，現代中国語だけではなく，古代中国語においても談話モードの重要性は無視できない．したがって，歴史・比較言語学の研究を行う際に，本研究の「語りのモード」「情報伝達モード」「対話モード」が役に立つと考えられる．

第2章
物語における日中の文脈指示詞
談話構造からのアプローチ

1 ― 物語の世界における談話構造

　ここからは，物語における談話構造に関する先行研究を簡単に紹介し，特に浜田（2001a）の物語における四層構造を具体的に取り上げる．また，浜田の研究を踏まえた上で，日本語と中国語の文脈指示的用法を解明するため，談話の展開に沿った本研究による談話構造である「導入部」「展開部」「終結部」を提示する．

　談話におけるアスペクトと前景との関わりについて論じた研究として，Hopper（1979）が挙げられる．この研究では，談話において前景の部分（foreground）と背景の部分（background）が設定されている．Hopper によると，前景とは「実際の物語の筋（actual story line）」，言い換えると，談話の骨組み構造（skeletal structure of the discourse）である．これに対して背景とは主要な出来事以外の「補足的な出来事（subsidiary events）」を語るのである．アスペクトと前景・背景との関係については，前景においては完了形が用いられ，背景では未完了形が用いられるとされる．

　工藤（1995）は Hopper と同じように，物語の世界におけるテンスとアスペクトの問題を扱った研究である．工藤の研究では，小説の地の文の内部構造について，次のような分け方が提示されている．

(1) 工藤 (1995: 193) による地の文の内部構造

地の文 ┤ 外的出来事の提示部分　＜典型的かたり＞
　　　　│ 内的意識の提示部分　＜内的独白＞／＜描出話法＞
　　　　│ 解説部分

　浜田 (2001a) は物語の内部構造について，物語の持つ時間性の違いによる重層的な物語像，即ち「発話部」「前景部」「背景部」「コメント部」の四層構造を提示している．浜田によれば，物語に対する認知科学的なアプローチとしては物語スキーマ (Rumelhart 1975) と物語文法 (Thorndyke 1977) があるが，これらの研究は発話から描写にいたる内部構造を持つ物語の構造を捉えるには至らない．浜田は日本語の記述文法を踏まえながら，物語の持つ多様な時間性に焦点を当て，四層構造からなる物語像を提示している．

　浜田 (2001a) では，四層構造は物語成立の3つの要件（1）具体時性（2）時間の流れ（3）現実世界からの離脱が提示されている．まず，「具体時性」とは「出来事」が他から区別され，一回限りのものとして生じることを意味する．出来事は変化を含む事態のことであるが，これに対して「状態」は変化を含まない．また，「時間の流れ」というのは，物語の世界における時間的な継起性のことである．出来事の連鎖によって時間の流れが生じる．さらに，フィクションかノンフィクションにかかわらず，「現実世界からの離脱」は物語が持つ一般的な特徴であるとされる．

　浜田は物語における時間性の違いによって，「発話部（音声的ミメーシス）」「前景部（プロットライン）」「背景部（物語フレーム・描写）」「コメント部（コメント）」という四層構造を提示している．また，物語成立の3つの条件との関係から次のように定義している．

(2) 浜田 (2001a) による四層構造
　　　「発話部」は，直接的には引用符で囲むことのできる部分であり，発話言語を転写したものとして，音声的なミメーシスを持つ．前景以下の三層とは，発話←→地の文という対立を構成する．

「前景部」とは，具体的な出来事を示す文によって表示され，物語のプロットラインを担い，継起的な時間の流れを持つ．「男が来た」「犬が走った」は典型的な具体時を示す文である．発話も，それが一回限りのものとして生起するかぎり，始端と終端とに区切られた具体時的出来事として機能する．

「背景部」は物語世界内にある事物の状態・性質を表現する部分である．「その村は海に近かった」「犬が走っていた」といった状態的な文，「山田は時々釣りに行った」といった習慣相的な文は物語世界内である限り，いずれもここに含まれる．背景は，更に具体時を持つものと，非具体時を持つものの二種に下位分類される．

「コメント部」は他の層と異なり，すでに物語外の存在であり，現実の話者の立場から物語に対して発せられるコメントとして機能するものである．発話以下の三層とは，物語外←→物語内という対立を構成する．

また，浜田は「背景部」を二つの下位分類に分けた．それは時間を全体的に取り上げる「巨視的背景」と，部分的に取り上げる「微視的背景」である．述語の諸形態と「前景部」「微視的背景」「巨視的背景」との関係について，浜田は次のようにまとめている．

（3）述語の諸形態と「前景部」「微視的背景」「巨視的背景」との関係（浜田 2001a）
「前景部」運動動詞完成相，可能動詞・属性動詞のイベントフレーム解釈．具体時・時間の流れを持つ．
「微視的背景」運動動詞持続相，存在動詞の知覚フレーム解釈，一時的状態を示す形容詞文・名詞文．具体時を持つが，時間の流れは持たない．
「巨視的背景」恒常的な属性を持つ形容詞文・名詞文，運動動詞の習慣相．具体時を持たない．恒常的な属性は時間の流れを持たないが，習慣相は持つことができる．

たとえば，（4）と（5）はともに時間の流れを持たない背景部に当たるが，（4）は具体時を持たない恒常的な状態を表す「巨視的背景」であり，（5）は具体時を持つ一時的な状態を示す「微視的背景」である．

（4）巨視的背景　あの頃，空は青かった．（浜田 2001a）
（5）微視的背景　ある日のこと，空が青かった．（浜田 2001a）

「視点」と浜田（2001a）が提示した「発話部」「前景部」「背景部」「コメント部」の四層構造との関係をめぐり，金水（2011）は芥川龍之介の『羅生門』を分析し，その結果として，物語における指示表現や移動動詞を分析する際に，「微視的背景」と「巨視的背景」に分ける必要があることを示した．

浜田（2001a）は物語の四層構造を厳密に定義していることは評価できる．のちに述べる本書における談話構造も浜田の研究から多くの示唆を得た．しかし，浜田自身も述べているように，その四層構造では知覚・思考といった心的領域が設定されておらず，それに関する問題は取り上げられていない．また，浜田の分類は物語にのみ成り立つものであるため，より普遍的な談話の構造を分析できる研究が求められる．

このほか，浜田（2001b）が指摘するように，話芸以外の談話ジャンルにおいては，コメント部と背景の境界はさほど明確なものではない．次の（6）は浜田（2001b）から引用した例文である．浜田によれば，話芸の場合，演者が物語世界と現実世界との間を往還するのである．たとえば，次の例のように，声のテンションが上がっているところ（▲印）が物語世界内，声のテンションが下がっているところ（△印）が物語世界外にいるということを示す．

（6）△えーこれは，おなじみの一席でございます．
　　▲三代の将軍家光公が，寛永 11 年正月 28 日[1]，多くの大名旗本を引き連れまして，芝，三縁山広度院増上寺にご参詣でございました．
　　△これは，御父上，二代将軍のご命日，ま，必ずご命日には，増上寺へご参詣でございました．（後略）（浜田 2001b）

なお，コメント部は，浜田（2001a）などが扱う時制の問題にとって必要な談話構造であるが，本書の扱う文脈指示詞の問題にとっては，基本的に「背景」の部分と同じように機能しているため，本書においては必ずしも

必要ではないと考えられる．

2 ー本書における談話構造

筆者は，より一般的な談話構造の分析を目的として，「話し手と聞き手の談話モデル状態（対立型か融合型か）」，「時間の流れを持つか否か」および「前景か背景か」という3つの観点から，「導入部」「展開部」「終結部」という談話の展開に沿った談話構造を提示する．なお，この談話構造は主に「語りのモード」における言語現象を説明するのに有効なものであると考えられる[2]．

2.1 導入部

まず，導入部とは，文章において，話し手が冒頭で話の背景や内容の概略などについて述べ，新しい情報（登場人物や出来事の発生場所など）が談話に導入され，聞き手が内容になじみやすくするために書かれた部分である．この情報はまだ聞き手に共有されていないものであるため，話し手と聞き手の談話モデル状態は対立型であり，談話に対する関わり方は非対称的である．つまり，導入部において話し手は聞き手より優位に立ち，情報の占有者として振る舞う．そして，導入部は時間の流れを持たず，主に変化を伴わない状態や性質を表す背景の部分から構成される．

（7）（8）における下線部のように，導入部では日本語の助詞の「が」や不定表現「おじいさん」「おばあさん」，中国語の存現文（「場所・時間＋動詞＋名詞フレーズ」）や不定冠詞「一个（ある）」などが出現しやすいことが観察される．

（7）むかしむかし，あるところに，おじいさんとおばあさんが住んでいました．おじいさんは山へしばかりに，おばあさんは川へせんたくに行きました．おばあさんが川でせんたくをしていると，ドンブラコ，ドンブラコと，大きな

桃が流れてきました．(『福娘童話集 きょうの日本昔話』)
(8) 从前，有个受人尊敬的国王，膝下环绕着两个天真活泼的王子．没过几年，王后又怀孕了．一天，国王把一个打卦算命特别灵的大臣召到跟前，问："我的第三个孩子是男是女？将来命运如何？"
昔々，ある国王がいて，人々から尊敬され，二人の無邪気な王子がいた．しばらくしたら，皇后さまがまた妊娠した．ある日のこと，国王はある占いの上手な大臣を呼び寄せ，「私の三番目の子供は男なのか女なのか？将来の運命は如何？」と聞いた．(『民间故事集粹』)

2.2 展開部

次に，展開部とは，導入された情報（主に旧情報）が詳しく展開されていく部分である．時間軸に沿って物語本体が述べられる部分が展開部に当たる．本研究の展開部には浜田のいう「前景」「背景」の両方が含まれる．

工藤（1995）の説に従えば，語りのモードにおいては，完成相（する・した）が前景を物語のプロットラインとして構成しており，持続相（している・していた）・パーフェクト相（している・していた）および反復・習慣相（する・した／している・していた）が背景を物語のフレームとして構成する．この前景と背景の対立は，ゲシュタルト心理学の図と地[3] として理解できる．

また，浜田（2001a）の研究では「内言（inner speech）」や「間接話法（indirect speech）」，モダリティ表現などの問題は扱われていない．こういった問題は談話の筋，またはプロットラインではないため，本研究ではこのようなものを「前景」ではなく，「背景」として扱う．

ここでは，語りのモードの展開部における前景（波線）・背景（二重下線）を次のように例示しておく．(9) の場合には，運動動詞「行く」「流れる」「持ち帰り」「食べる」「切る」「飛び出す」の完成相から，波線の部分は前景であることがわかる．また，「している」という持続相，「おや，これは良いおみやげになるわ」という内言および「大喜びです」という「名

第2章 物語における日中の文脈指示詞 談話構造からのアプローチ　　　　71

詞+助動詞」の文から，二重下線の部分は背景であることがわかる．

(9)（前略）おじいさんは山へしばかりに，おばあさんは川へせんたくに行きました．おばあさんが川でせんたくをしていると，ドンブラコ，ドンブラコと，大きな桃が流れてきました．
おや，これは良いおみやげになるわ．
おばあさんは大きな桃をひろいあげて，家に持ち帰りました．
そして，おじいさんとおばあさんが桃を食べようと桃を切ってみると，なんと中から元気の良い男の赤ちゃんが飛び出してきました．
「これはきっと，神さまがくださったにちがいない」
子どものいなかったおじいさんとおばあさんは，大喜びです．（『桃太郎』）

　一方，中国語の場合，完成相と持続相の境界がはっきりしないため，両者の区別が難しい．しかし，中国語の例文を日本語に訳してみれば，その区別が明らかになる．たとえば，(10)の場合，運動動詞「听（聞く）」「按（押さえる）」「看（見る）」の完成相から，波線部は前景であることが判明した．また，運動動詞「回（帰る）」「路过（通りかかる）」「放（置く）」「磨（磨く）」「哭（泣く）」の持続相から二重下線の部分を背景と見なすことができる．

(10)（前略）这天夜里，刚在泉州造好洛阳桥的观音菩萨回普陀山，路过那座道观，忽然听见众多小儿的哭喊声，不觉心头一沉，急忙按下莲花云，舒展慧眼一看．不好！道观里烛光惨淡，踊桌上放着一粒丹丸，一个道士正磨刀霍霍，百来个小儿哭成一团．
その日の夜，泉州で洛陽橋の完成に力を貸した観音様が普陀山まで帰る途中，その道観を通りかかっていると，突然たくさんの子供の泣き声が聞こえてきた．心が思わずぞっとして，急いで蓮の花の形をした雲を押さえて，その慧眼で見てみると，しまった！道観で燭光が暗く，踊りのテーブルには一粒の練薬がおいてあり，一人の道士が刀をしゅっしゅっと磨いていて，百人ほどの子供がわあわあ泣いているのが分かった．（『送子観音』）

2.3 終結部

　さらに，終結部とは，話し手によってこれまで展開された情報をまとめる部分，ないし談話を終わらせる部分である．この終結部は話し手によるものであるため，談話に対する話し手と聞き手の関わり方は非対称的である．終結部は時間の流れを持たず，ふつう背景から構成される．次の(11)と(12)は，終結部を含むものである．

(11) (前略) それで殿さまも，この少年が自分の息子だと気がついて，ささいなことで后を罰してしまったことを恥じました．<u>男の子は殿さまの世継ぎとしてお城にむかえられ，母親もよびもどされ，しあわせにくらしたということです．</u>(『今昔かたりぐさ　黄金の瓜』)

(12) (前略) 清洌洌的井水，把孙子托上井口；可是，他已经死了．老百姓大哭了一场，把孙子的尸体埋在他爷爷和阿爸的坟旁．<u>自从有了这口水井，人们就不愁没有水吃了．</u>
　　　孫が清洌な井戸水によって井戸の口まで上げられた．しかし，彼はすでに死んでいた．みんなが泣きながら孫の死体をその爺と父の墓のとなりに埋めた．<u>この井戸があってから，人々は水がなくなる心配がなくなった．</u>(『民間故事　呉山第一泉』)

　一方，終結部はすべての文章に現れるわけではなく，全く終結部を持たないものもある．たとえば，次の物語では話し手による情報のまとめの部分，ないし物語を終わらせる部分がないため，終結部を持たないと考えられる．

(13) (前略) 自分がならす鐘の音がこんな遠いところまでとどいているというので内心びっくりしながらも，和尚さんはすました顔をして，「ああ，西方寺の和尚なら，今日は用事ででかけるといっていたよ」と，いって，先をいそぎました．(『今昔かたりぐさ』)

(14) (前略) 接着又是一声巨响，坟墓合上了．这时风消云散，雨过天晴，各种野花在风中轻柔地摇曳，一对美丽的蝴蝶从坟头飞出来，在阳光下自由地翩翩起舞．

(前略)すると大きな音がして,墓が閉じた.その時,風も止み雲も散り,雨が過ぎて空がからりと晴れ,各種の野花が風のなかで軽やかでなめらかに揺らめいた.一対の美しい蝶々が墓から飛び出し,日光を浴び,ひらひらと自由に飛んでいた.(『民間故事集萃』)

3 ― 物語における文脈指示詞

3.1 日本語の場合

　3つの談話モードで一番複雑なのは語りのモードである.語りのモードでは,話し手の目の前に聞き手はいない.話し手は情報を占有しているが,一方的に情報を伝達するのではなく,聞き手も共感できるような談話を構成している.このため,少なくとも見かけ上では,話し手と聞き手が対等の立場から談話に関与している.

　語りのモードでは一般に利用されるのは言語文脈領域である.話し手の発話によって作られた文脈上の物語世界に聞き手の参入が要求され,話し手と聞き手は一種の共犯関係にある.たとえば,例文(15)の談話モデル状態は図(16)のように,話し手の言語文脈領域と聞き手の言語文脈領域が一体化し,共通した言語文脈領域が形成される.この場合には,話し手と聞き手の談話モデル状態は融合型となる.

　さて,(15)における談話指示子「おばあさん」を考えてみよう.

(15) ある日のこと,おじいさんは山へしばかりに,おばあさんは川へせんたくに行きました.おばあさんが川でせんたくをしていると,ドンブラコ,ドンブラコと,大きな桃が流れてきました.おや,これは良いおみやげになるわ.おばあさんは大きな桃をひろいあげて,家に持ち帰りました.(『桃太郎』)

　(15)は語りのモードの展開部である.話し手の言語表現によって,共有知識領域に蓄えられた「おばあさん」という談話指示子 $a1$ およびそれに付随している属性情報 A が言語文脈領域に書き込まれていく.言語文

脈領域にはa1に対応する談話指示子a2が形成される（16）．

(16)
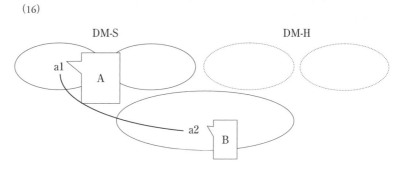

なお，談話指示子a2（「おばあさん」）の属性情報Bも談話の進展に沿って，（17）のように累積的に更新される．

(17)
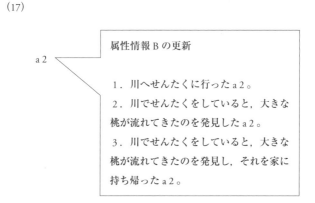

Bという属性情報は中立的なものであり，話し手も聞き手も等しくアクセスできる．ここで説明しなければならないのは，たとえa1とa2は同じ人物（「おばあさん」）であっても，a1に付随している属性情報Aはa2の属性情報Bよりはるかに豊富であり，図（18）のように，BはAの一部しかないということである．

(18)

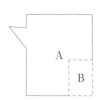

　なぜなら，Bは話し手の言語表現によって，話し手と聞き手の共通の言語文脈領域に書き込まれた文脈上の属性情報にすぎない．それに対してAはa1に関するすべての属性情報であり，もともと話し手の共有知識領域に格納されているより豊富なものである．

　一方，語りのモードの背景において話し手による解説や説明が行われた場合（(19)の下線部），聞き手にもアクセスできる文脈上に書き込まれたa2の属性情報ではなく，自らの共有知識領域にあるa1の属性情報A（厳密に言えば，図（20）の灰色の部分）を利用する必要がある．

(19) むかしむかし，ある村に，のんきな一人暮らしのたつ平という男がいました．死んだ両親が広い土地を残してくれたのですが，たつ平はその土地をほったらかしです．
　　　「あのまま一人者では，たつ平はだめになってしまうな」
　　　心配した村人たちが，たつ平にお嫁さんを見つけてきました．これがなかなか頭の良い，働き者のお嫁さんです．（『福娘童話集－きょうの日本昔話』

(20)

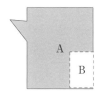

　この時，話し手は聞き手に配慮せず，自分だけが占有する談話資源（Aの灰色の部分）に基づいて，「これがなかなか頭の良い，働き者のお嫁さん

です」と発話しているため,一体化した共通の言語文脈領域は発動されず,融合型の談話モデルは対立型に移行すると考えられる(21).

(21)
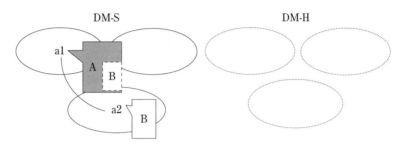

さらに,物語の登場人物の視点から描写する際に,談話モデルの「埋め込み」が発動される.その場合,上位の談話モデル1はもちろん,埋め込まれた談話モデル2の領域も利用可能になる.

たとえば,次の(22)の下線部は,工藤(1995)の「内的意識の提示部分である内的独白」に相当する.「これ」が指しているのは,登場人物であるおばあさんの目から見た現場に存在している「大きな桃」[4)] である.

(22) むかしむかし,あるところに,おじいさんとおばあさんが住んでいました.おじいさんは山へしばかりに,おばあさんは川へせんたくに行きました.おばあさんが川でせんたくをしていると,ドンブラコ,ドンブラコと,大きな桃が流れてきました.<u>おや,これは良いおみやげになるわ.</u> おばあさんは大きな桃をひろいあげて,家に持ち帰りました.(=(15))

この場合も「大きな桃」は話し手のいる,談話モデル1の発話状況領域に登録されているのではなく,談話モデル2の発話状況領域に存在しているのである.話し手が登場人物のおばあさんと一体化して,その視点から見た「大きな桃」をコで指している.

(23)

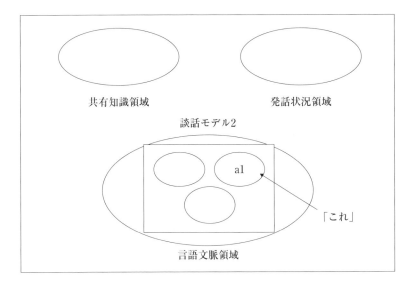

談話モデル1

3.1.1 デフォルトのソ

　金水・田窪（1990）が指摘するように，文脈指示の場合，基本的にはソを用いる．語りのモードにおいても，(24)(25)のように，日本語のデフォルトの文脈指示詞はソである．

(24) ようやく機をおり終えた娘は，「おじいさま，おばあさま，この綾錦を町へ売りに行って，帰りにはまた，糸を買って来て下さい」と，娘は空の雲の様に軽い，美しいおり物を二人に見せました．「これは，素晴らしい」おじいさんが町へ売りに行くと，それを殿さまが高い値段で買ってくれました．　　　　　　　　　　　　　　　（『福娘童話集－きょうの日本昔話』）

(25) それから月日はながれ，ある日，みすぼらしい姿の男が杖をついて現れて，「もう三日も食べておりません．なんでもいいから食べ物をめぐんでつかぁさい」という．すっかり長者の奥方になった娘は，その男の顔を見てびっくり．自分をいじめて家からおいだした，旦那さんの息子ではないか．
　　　　　　　　　　　　　　　（『福娘童話集－きょうの日本昔話』）

この場合，たとえ話し手が情報を独占しても，聞き手を共通の物語世界に引き込むため，自らの共有知識領域に存在するより豊富な属性情報を利用せず，文脈指示詞を用いる際に言語文脈領域に書き込まれた属性情報，言い換えれば，聞き手に開示済みの文脈情報しか用いていない[5]．

したがって，(24)(25)の談話モデルの状態は下図のように，話し手は自らの共有知識領域に予め格納されている談話指示子a1に付随する属性情報Aを利用せず，つまり，a1とa2の間のリンクを利用しないまま，「それ」「その男」を使って言語文脈領域に登録されたa2とその属性情報B（点線で囲まれた部分）に言及している．

(26)

a2-a1のリンクをたどらず，
a1の属性情報Aを利用しない

「それ」「その男」

ここでは，堀口 (1978) の「自分に関わりの弱いものとして平静に指示するソ」という説を談話モデル的に解釈しておきたい．「自分に関わりの弱いもの」が意味するのは，どちらかが優位に立つわけではなく，話し手も聞き手も等距離から言語文脈領域にある談話指示子a2とその属性情報Bにアクセスできるということである．また，「平静に指示する」が表しているのは，自分の直接経験や体験を利用せずに指示すること，ないし主観的な感情を込めずに客観的に指示することである[6]．このことを談話モデル的に言い換えれば，話し手はa1-a2というリンクをたどらず，共有知識領域にある自分しか保持していないa1と属性情報Aを利用しないことを意味する．

一方，話し手は自分の直接経験や体験に基づいて発話する場合（例えば「私には，酒好という変わった名前の友人がいる．この人は，名前とは逆に一滴も酒が飲めない．」（金水・田窪 1990）），主観的な感情を込めた発話の場合（例えば「先週，『半沢直樹』というテレビドラマを見たのですが，これが本当に面白かったですよ！」（作例））などは，堀口の「自分に関わりの強いものとして強烈に指示するコ」に相当すると考えられる．このことを談話モデルで表現すると，話し手と聞き手は等距離からa2にアクセスできなくなり，融合型の談話モデルは対立型に変わる（図27）．この場合，話し手は談話指示子a1とそのより豊富な属性情報A（の灰色の部分）にアクセスしながら，言語文脈領域に登録されたa2を「この人」「これ」で指しているのである．

(27)

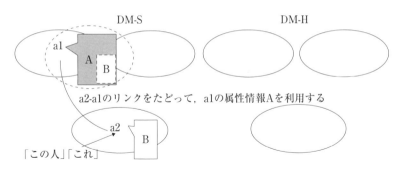

もう一度主張しておきたいのは，話し手が聞き手と対等な立場から言語文脈領域に登録された談話指示子a2だけではなく，その属性情報Bも含めて指し示すときに，ソしか用いられない．これに対して，自分の直接経験や主観的な感情に基づいて，共有知識領域のa1およびその属性情報Aを利用しながら発話する場合には，ソが用いられず，コしか用いられない．なお，属性情報AとBを利用せず，談話指示子a1，またはa2のみ言及している場合，コとソは置き換え可能となる．

この談話モデルにおける談話理解のメカニズムを利用すれば，堀口（1978）のいう「自分に関わりの弱いものとして平静に指示するソ」およ

び「自分に関わりの強いものとして強烈に指示するコ」といった説は理論的に・モデル的にうまく説明されると考えられる.

3.1.2 階層的な談話構造における日本語の文脈指示詞

ここからは，物語の「導入部」「展開部」「終結部」の観点から，日本語の文脈指示詞の用法を考察してみよう.

次の表は『福娘童話集－きょうの日本昔話』『今昔かたりぐさ』より約150,000字を抽出したコーパスにおいて，日本語の指示代名詞「これ」「それ」および指定指示の「この+名詞」「その+名詞」を調査した結果である．なお，「この頃」「その時」「それから」など，先行詞を持たず接続詞的に使われているものは排除した．

(28) 語りモードの談話構造における日本語の文脈指示詞の出現数

物語	導入部	展開部	終結部	合計
「これ」「この+名詞」	34	139	36	209
「それ」「その+名詞」	7	178	5	190

調査結果から，導入部と終結部ではコが用いられやすいが，展開部ではコとソの両方が用いられるが，ソのほうがやや多いという結果が判明した．しかし，なぜコ系指示詞は導入部・終結部に適しており，展開部ではコ系とソ系指示詞はともに多く用いられるのであろうか．ここからは，その理由について考えていく．

すでに言及しているように，(29)(30)の「上州の桐生というところに西方寺というお寺があります」「むかし，葛飾の青砥（今の青戸）というところに，青砥左衛門尉藤綱という人がいました」という存在文は具体時を持たず，新情報をマークする助詞「が」を含んでいるため，物語の導入部に相当すると考えられる．

導入部では，動的な時間の流れがなく，物語の非具体時の導入表現（「むかし」など）や，出来事の発生場所，登場人物についての概要が話し

手の言語表現によって談話に導入される．その談話の性格から，この部分は浜田（2001a）の背景部に相当すると考えられる．

(29) 上州の桐生というところに西方寺というお寺があります．むかし，このお寺には，たいそう力持ちの和尚さんがいたということです．（『今昔かたりぐさ』）

(30) むかし，葛飾の青砥（今の青戸）というところに，青砥左衛門尉藤綱という人がいました．この人は判官というお役目につくえらいお侍さんで，人々からたいへん尊敬されておりました．（『今昔かたりぐさ』）

以上の 2 例では，話し手は物語の発生場所「西方寺」，登場人物「青砥左衛門尉藤綱」という新たな情報を談話に導入している．それに関する情報は話し手が全面的に保有しているものであり，まだ聞き手に開示していないため，話し手は自らの共有知識領域にアクセスして，そこにあらかじめ登録済みの談話指示子 a 1 およびその属性情報 A を利用する必要がある（図（31））．

(31)

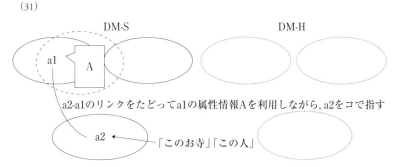

このとき，「このお寺」「この人」は話し手の言語文脈領域に登録されたa2を指しているが，a2からa1のリンクをたどってDM-Sの共有知識領域（エピソード記憶領域）に格納されているa1とその豊かな属性情報Aにアクセスしている．この属性情報は聞き手にはアクセスできないものであり，このような情報量の格差がもたらす結果として，話し手は自分の言語文脈領域に登録された情報a2を「近い」と捉え，一般にコで指すのが自

然である.

　以上の考察から，文脈指示的用法においても，話者にとって自分だけが全面的に保有している情報（(28)(29)）に対する「心理的な距離」[7] が存在することが分かる.

　つまりこれは，話者にとって近いものをコで指すという現場指示用法における距離区分説とよく似ており，文脈指示的用法と現場指示的用法には連続性があるということを意味する．したがって，現場指示と文脈指示を全くに別のものとして捉えている庵（2007）の，文脈指示の中心的な用法は現場指示とは別の原理（「結束性」）によって支配されるとの主張は正しくないと考えられる.

　ここでは，(32)のような仮説が立てられる.

(32) 仮説
　　　文脈指示的用法においても，現場指示的用法の距離区分説のように，話し手は自分だけがアクセスできる情報を「近い」と見なし，コで指し示す．また，自分だけではなく，聞き手と等しくアクセスできる情報を「近くも遠くもない」と見なし，ソで指す[8].

　一旦導入部が終われば，すでに談話に導入された情報は，聞き手と共有できるものと考えられる．展開部のマーカーとして，「むかしむかし」などのような非具体時の表現ではなく，「ある日のこと」，「ある日」などの具体的な時間表現が多く用いられるようになる．この時，話し手と聞き手に共通した言語文脈領域に登録されている談話指示子とその属性情報は，もはや話し手の専有物ではなく，導入済みの情報を利用する限りは，聞き手も自由にアクセスできるものと見なされる．したがって，展開部ではソを用いて聞き手に開示済みの情報を指し示すことができるようになる．これが最も広く観察される文脈照応のソである.

　導入部は一般に物語の背景と見なされるが，展開部では物語のプロットラインを担い，「出来事」などを談話に導入し，継起的な時間の流れを伴う前景が含まれる．また，「状態」や「性質」を表す部分を導入し，時間

の流れを伴わず，物語の背景として述べられる背景の部分も含まれる．

下表は『福娘童話集－きょうの日本昔話』『今昔かたりぐさ』という物語集から採集されたコーパスにおけるコトソの使用数を示したものである．この表から，前景においてソ，背景においてコが用いられやすいということが分かる．

(33) 語りモードの前景・背景におけるコトソの使用数

	前景	背景	合計
「これ」，「この+名詞」	29	180	209
「それ」，「その+名詞」	143	47	190

なお，前景・背景の分け方に関しては，本研究は工藤（1995）に従う．工藤によると，日本語の動詞述語文では，出来事を示す運動動詞は「ている」を付加できるが，完成相（する・した）が前景を物語のプロットラインとして構成しており，持続相（している・していた）が同時的背景，パーフェクト相（している・していた）が時間的後退性を持った背景，反復・習慣相（する・した／している・していた）が同時的背景を構成する[9]．

ここからは，まず前景で用いられやすいソの用例を見てみよう．

(34)（導入部）むかしむかし，桜谷というところに，おじいさんが孫の若者と一緒に住んでいました．この桜谷には，むかしから大きな桜の木があります．
（展開部）おじいさんは子どもの頃から桜の木と友だちで，春が来て満開の花を咲かせると，おじいさんは畑仕事もしないで桜をうっとりとながめていました．そして花びらが散ると，おじいさんはその花びらを一枚一枚集めて木の下に埋めました．（『福娘童話集－きょうの日本昔話』）

(34)の「集めて（集めた）」「埋めました」という運動動詞の完成相から，「おじいさんはその花びらを一枚一枚集めて木の下に埋めました」の部分は前景に相当すると判断できる．前景の部分は物語のストーリラインであり，そこで主要な出来事や登場人物の行動などが物語られる．話し手は一方的に物語に関する情報を占有しているが，聞き手を物語の世界に引

き込むため，なるべく自分だけが占有しているより豊かな属性情報を利用する発話を回避し，相手と対等な立場で談話に関わっているように，ソ系指示詞を用いて情報を提示することが多い．

この場合，話し手と聞き手の言語文脈領域が一体化して，ある共通した言語文脈領域が作り上げられる．ここの「その花びら」は，図（35）のように，言語文脈領域に登録されたa2だけを指しているというわけではなく，a2とその属性情報Bの両方（点線で囲まれた部分）を指示しているため，ソしか用いられないのである[10]．

(35)

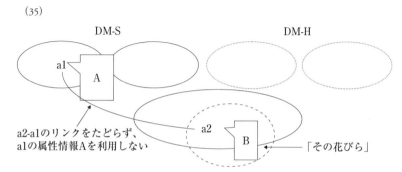

そして，話し手は「その花びら」を用いることによって，「一枚一枚集めて木の下に埋めました」という新しい属性情報を付け加えている．なお，このような属性情報の更新は（35）のBにおいて行われる．

この時，ソは言語文脈領域に登録済みの談話指示子に新たな属性情報を追加するために用いられ，話し手の共有知識領域に予め格納されている談話指示子a1のより豊富な属性情報Aは利用されていない．

このようなソの用法は，長田（1984）のいう「その」の前文脈から情報を「持ち込む」機能や，庵（2007）の「テキスト的意味の付与」に相当すると考えられる．

ここでは，もう一度長田と庵の例文を談話モデル的に解釈してみよう．

(36) 元文元年の秋，新七の船は，出羽の国秋田から米を積んで出帆した．その船が不幸にも航海中に風波の難にあって，半難破船の姿になって，積荷の半分

以上を流失した．(長田 1984)
(37) 順子は「あなたなしでは生きられない」と言っていた．その順子が今は他の男の子供を二人も産んでいる．(庵 2007: 98)

　以上の長田と庵の例文では，話し手と聞き手の共通の言語文脈領域に，「新七の船」と「順子」という談話指示子が a2 として登録される．しかし，「その船」と「その順子」は a2 のみに言及しておらず，a2 とその属性情報 B を同時に指しており，ソは「新七の船」「順子」の属性情報 B をアップデートするために用いられている（図 (38) と (39)）．このように，語りのモードにおける「属性情報のアップデート」の場合には，ソしか用いられないと考えられる．この「属性情報のアップデート」は談話モデルの言語文脈領域のみを用いて行われる．

(38)

> 「その船」
> 属性情報 B のアップデート
>
> 1．元文元年の秋，出羽の国秋田から米を積んで出帆した新七の船．
> 2．元文元年の秋，出羽の国秋田から米を積んで出帆し，航海中に風波の難にあって，半難破船の姿になって，積荷の半分以上を流失した新七の船．

(39)

```
「その順子」
属性情報 B のアップデート

１．「あなたなしでは生きられない」と言っ
ていた順子．
２．「あなたなしでは生きられない」と言っ
ていたが，今は他の男の子供を二人も産ん
でいる順子．
```

　前景においてはソが用いられやすいことが観察された一方，コが用いられた場合もある（全部で 29 例）．その典型的なものとして，次のような例が挙げられる．

（40）するとおばあさんは，水がめを持って来て中に入っている<u>物</u>を見せました．
　　　「『これ』が，オコゼじゃ」水がめをのぞきこんだ村人たちは，すぐに大笑いです．
　　　「ギャハハハハハッ，なんて面白い顔じゃあ！」
　　　そこで村人たちは，<u>このオコゼ</u>を持って山の神さまが隠れている祠の前に置きました．（『福娘童話集－きょうの日本昔話』）

　「村人たちは，このオコゼを持って山の神さまが隠れている祠の前に置きました」という部分における「持つ」「置く」という運動動詞の完成相から，この部分は前景にあたると考えられる．コ系列が前景において用いられた場合，基本的には本研究の第 3 章で言及している「談話モデルの埋め込み」に相当する．（40）の「このオコゼ」は現場性の強いものであり，物語の世界（図（41）の談話モデル 2）における発話状況領域に登録された談話指示子 a 1 を指していると考えることができる．
　話し手と聞き手に共通した談話モデル 1 の言語文脈領域に埋め込まれたより小さな談話モデル 2 の発話状況領域に登録された談話指示子 a 1 を指

すときに，話し手は登場人物の視点から，現場性の強いコを用いる．この
コの現場指示的な特性が文脈指示において利用されていると言える．

(41)

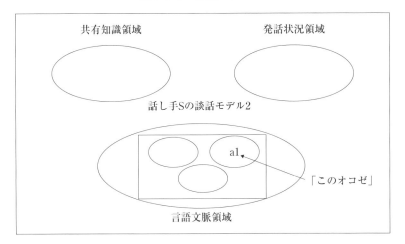

なお，(40)の「この」を「その」に入れ替えても自然となる．その場
合には，「そのオコゼ」は典型的な文脈指示のソの使い方であり，話し手
と聞き手の共通の言語文脈領域における「属性情報のアップデート」のと
きに用いられるソとなる．

ここでは，展開部の前景において用いられるコとソの選択原理について
まとめておく．

(42) 展開部の前景におけるコ・ソの選択原理
　　　前景のデフォルトはソである．話し手が聞き手と共有している言語文脈領
　　域において，談話指示子の属性情報をアップデートするためにソを用いる．
　　なお，談話モデルの埋め込みが行われた場合には，コが前景において用いら
　　れることもある．

以上，前景におけるコとソの用法について分析してきた．ここからは背
景におけるコとソの選択原理を考察してみよう．

上文の表（33）から分かるのは，背景においてコの使用数が高い．背景は物語のプロットラインではなく，そこにおいて話し手が登場人物の視点からの描写，その場の静的な状況描写[11]が行われることが多い．

　また，背景で談話モデルの埋め込みが行われる場合がある．例えば，(33) の「これは普通の獣じゃない．化け物かもしれん」は背景であり，登場人物と一体化した話し手による「内言（inner speech）」と見なすことができる．

(43) 獣はまだ近くにいる．鉄砲の音がしたら，普通の獣は逃げてしまうものだ．
　　（中略）これは普通の獣じゃない．化け物かもしれん．（『今昔かたりぐさ』）

　「これ」は登場人物がいる発話状況領域，言い換えれば，話し手と聞き手の共通した言語文脈領域に埋め込まれた談話モデル 2 の発話状況領域に登録された談話指示子（図 (41) の a1 と同様）を指しているのである．これは登場人物の視点からの発話となり，この場合のコは文脈指示に埋め込まれた現場指示と捉えられる．

　一方，文脈指示に埋め込まれた現場指示のほか，物語の背景において，出来事や登場人物についての話し手による「説明」「解説」の場合にもコが多く用いられている．

(44) とうとう二人は言い合いになり，そこでどっちが正しいかを決めようと，何と奉行所へ訴え出たのです．そしてこの裁きを受けることになったのが，名裁きで有名な大岡越前だったのです．（『福娘童話集－きょうの日本昔話』）
(45) さすがの吉四六さんも，してやられたとばかりに頭をかいて，いさぎよく十文を払いました．
　　「では，代金の十文」
　　代金を受け取った重兵衛は，「どうだい，吉四六さん．あんたも商売上手と聞くが，本当の商売上手とは，おれみたいな者を言うんだよ．あはははっ」と，大笑いしました．
　　「・・・！！！」
　　この大笑いさえなければ，吉四六さんは素直に帰ったのですが，この事が吉

四六さんのとんちに火を付けたのです．(『福娘童話集－きょうの日本昔話』)

(44)の「この裁きを受けることになったのが，名裁きで有名な大岡越前だったのです」は，物語の筋から離れた話し手による「説明」となる．「のです」という表現から，この文は「のだ文」[12]であることがわかる．一般に，「のだ文」の担う機能として，「理由」「説明」などが挙げられる．浜田(2001a)の研究では「のだ」などのモダリティ表現は扱われていない．「のだ文」は継起的な時間性を持たず，談話の筋ではないため，本研究では「のだ」文を「前景」ではなく，「背景」として扱う．(45)の「この大笑いさえなければ，吉四六さんは素直に帰ったのですが，この事が吉四六さんのとんちに火を付けたのです」という部分も同じである．

展開部の背景において話し手による説明や解説が行われた場合，話し手は自分のみ保有している談話資源を利用しなければならないため，一旦物語のプロットラインから離れて，自分の共有知識領域にアクセスする必要がある．

したがって，次の(46)のように，「この裁き」「この大笑い」は話し手の言語文脈領域に登録された「$a2$」を指しているが，言語文脈領域の$a2$から共有知識領域の$a1$までのリンクをたどって，聞き手に開示していない自分のみが占有する$a1$とその属性情報A(灰色の部分)を利用している．この時，話し手は自分のみ保有している情報を「近い」と見なしてコで指していると考えられる．

(46)

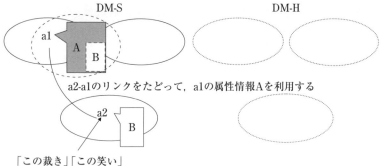

一方で,聞き手は話し手だけ保有している属性情報 A にアクセスできないため,二人の共通の言語文脈領域,すなわち融合型の言語文脈領域は対立型に移行すると考えられる.

以上の見てきたように,やはり,現場指示の距離区分説のように,話し手は自分だけが保有している属性情報を利用しているときに,自分に「近い」と捉えてコで指すのに対して,聞き手もアクセスできる情報を「近くも遠くもない」と捉え,ソで指すという仮説 (32) は正しいと言えよう.

背景のソもそれが前景で用いられた時と同じように,属性情報を更新するために用いられている.たとえば,(47) の「その大ダヌキ」には「ほら穴の前に猟師の矢に心臓を射貫かれて死んでいた大ダヌキ」という属性情報が付随しており,談話指示子「大ダヌキ」とその属性情報を同時に指しているときにコではなくソを用いる.

(47) 二人が血のあとをたどって山へ行くと,ほら穴の前に猟師の矢に心臓を射貫かれた大ダヌキが死んでいたのです.その大ダヌキの周りには,大ダヌキが食べちらかした人間の骨がたくさん転がっていました.

(『福娘童話集―きょうの日本昔話』)

このことから,前景であれ,背景であれ,言語文脈領域における談話指示子の属性情報を更新するときにソ系指示詞が使われる傾向が判明した.

この節の最後に，背景におけるコ・ソの使い分けをまとめておこう．

(48) 展開部の背景におけるコ・ソの使い分け
　　　背景は主にコの世界と見なすことができる．背景では話し手が自分だけがアクセスできる属性情報を利用しているときコを用いる．また，話し手と聞き手の共通の言語文脈領域において属性情報のアップデートが行われることがあるため，その時にソを用いる．さらに，談話モデルの埋め込みが行われるときにコを用いる．

終結部とは，これまで展開されてきた物語をまとめ，文章を終結させる部分である．次の例のように，終結部を持たない物語もある．

(49)（前略）自分がならす鐘の音がこんな遠いところまでとどいているというので内心びっくりしながらも，和尚さんはすました顔をして，「ああ，西方寺の和尚なら，今日は用事ででかけるといっていたよ」といって，先をいそぎました．(『今昔かたりぐさ』)

(49)の場合，「する」「言う」「急ぐ」などの運動動詞の完成相から，「和尚さんはすました顔をして」および「といって，先をいそぎました」の部分は時間の流れを持つ前景の部分であることが分かる．したがって，(49)は展開部で終了する物語と見なすことができる．
　さて，終結部を持つ物語の例文を見てみよう．
　一般に，終結部は時間の流れを伴わず，物語の背景として語られることが多い．背景においてはコが用いられやすいことは，終結部においてもコが多く用いられることにつながっていると考えられる[13]（(50)(51)）．

(50)（前略）息子は深々と頭を下げて，お地蔵さまに手を合わせました．やがてこの話は広まり，このお地蔵様は『身代わり地蔵』と呼ばれて，お参りをする人がいつまでも絶えなかったということです．
(51)（前略）加平さんは，思わず手を打って，「いや，これは参りました．あなたはうわさ通りのとんちの持ち主ですなあ」と，言って，一休さんに頭を下げました．この事がみんなに知れ渡り，一休さんのとんちはますます評判になりました．(『今昔かたりぐさ』)

(50)(51)の下線部は，物語の主要なプロットラインではなく，物語の背景となる．これは話し手による物語全体のまとめの部分であり，「ここからのストーリーがどうなったか」というまだ聞き手に伝えていない情報を伝達しようとして，(52)のように，話し手は自分の共有知識領域にある談話指示子 a1 の属性情報 A（の灰色の部分）にアクセスしなければならないため，コが用いられていると考えられる．

(52)

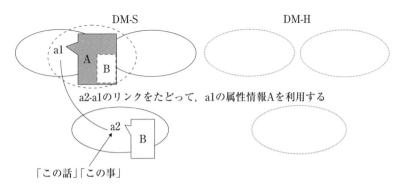

(50)(51)の「話」と「事」はメタ指示的な名詞[14]であり，「お地蔵様」のような普通名詞と異なる[15]．普通名詞を指し示す場合，話し手は語りの内部における指示対象を指すのに対して，メタ指示的な名詞を指す場合，話し手は語りの外部から俯瞰するような視点から指していると考えられる（図(53)）．

(53)

| 物語の内部世界　普通名詞　(50)の「地蔵様」「息子」　(51)の「加平さん」「一休さん」 | 物語の外部世界　メタ指示的な名詞　(50)の「この話」　(51)の「この事」 |

3.2　中国語の場合

　語りのモードにおける日本語の文脈指示詞を考察してきた後，ここからは中国語の文脈指示詞「这」「那」の選択原理について論じていく．

　本研究はインターネットから採集された民間物語をコーパスとして調査を行った．具体的には，『民间故事集粹』『民间故事』『民间故事大全』より約 100,000 字の地の文を採集した．調査対象としては，中国語の指示代名詞「这」「那」及び指定指示の「这+名詞」と「那+名詞」の形に限定した．なお，観念指示の「那」（日本語のア系指示詞にあたる）を含む 23 例および「这时」「那天」など先行詞を持たない接続詞的な表現は除いた．その結果は下表のようである．

(54) 語りモードの談話構造における中国語の文脈指示詞

物語	導入部	展開部	終結部	合計
「这」「这+名詞」	29	187	19	235
「那」「那+名詞」	4	129	6	139

　以上の表から，導入部，終結部では「这」が用いられやすいが，展開部では「这」と「那」がともに多く用いられることが判明した．また，次の表のように，前景における指示対象を指す時に「那」が用いられやすい

が,背景の指示対象を指し示すときに「这」が用いられないということが分かった.

(55) 前景・背景における中国語の文脈指示詞の出現数

	前景	背景	合計
「这」「这+名詞」	42	193	235
「那」「那+名詞」	109	30	139

ここからは,まず導入部で用いられやすい「这」の用法について見てみよう.

中国語の物語の導入部では,「从前(むかし)」「很久很久以前(むかしむかし)」などの時間表現を伴う存現文が現れやすい.新たな情報が話し手の発話によって物語の世界に導入される.しかし,この情報はまだ聞き手に共有されておらず,話し手が全面的に保有しているものと見なされる.

(56) 很久很久以前,有一个书生很爱好莳花,人们便送他一个外号,叫他"花相公".这花相公的花园正靠着大马路,南来北往的人看了,都夸他的花莳得好.花相公听了,心里也喜滋滋地直点头.
一天早上,花相公正在花园里浇花,忽然,从园口走来一个白胡老头.(後略)
むかしむかし,花作りの好きな読書人がいた.人々は彼に「花相公(花だんな)」とあだ名を奉った.この花だんなの花園は大通りに隣接しており,彼の花がとても綺麗だと,通りかかる人々は褒めていた.それを聞いて,花だんなはうれしくて頷いていた.
ある日の朝,花だんなが花園で花に水をやっている.突然,入り口から白いひげを生えた老人が入ってきた.(『民间故事大全』)

次の図(57)のように,(56)では話し手の発話によって,登場人物「花相公(花だんな)」という新たな談話指示子 $a2$ とその属性情報 B が物語の世界に導入される.この発話はまだ聞き手にアクセスできないものであり,話し手は $a2$ を指し示すときに,自分の共有知識領域に登録済みの談話指示子 $a1$ とその属性情報 A に基づいているため,近称の「这」を

もって指していると考えられる．なお，この点に関しては日本語と中国語は全く同じであると言える．

(57)

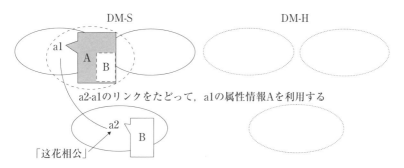

導入部における中国語の文脈指示詞を考察したので，ここからは展開部での「这」「那」を分析してみよう．

展開部では，話し手が聞き手を物語の世界に引き込むために，中国語の物語の展開部においては「这」のみならず，表(54)から分かるように，遠称の「那」も多く用いられるようになる．この場合には，話し手の言語文脈領域と聞き手の言語文脈領域が一体化し，共通した言語文脈領域が形成される．展開部のマーカーとして，「有一天（ある日）」「有一次（ある時）」など，具体時を表す表現が多く用いられる．

また，表(55)に示したように，展開部の前景・背景という観点から見れば，前景において「那」が多く用いられるのに対して，背景では「这」のほうが多いと観察される．

まず，前景で多用される「那」の実例を見てみよう．

3.1.2節で述べているように，日本語では「属性情報のアップデート」という談話操作が話し手と聞き手の共通の言語文脈領域で行われ，その場合にはソ系列を用いる．中国語の場合でも同様な傾向が見られる．たとえば，(58)のように，前景において属性情報のアップデートの場合には一般に「那」を用いる．

(58) 老大妈听了很奇怪，伸出头去向门外看看，仍旧是松毛搭的凉棚底下两条旧板凳，还有墙角落头<u>一只破石臼，破石臼里堆满陈年垃圾</u>－－一切还是老样子．老头儿走过来指<u>那只破石臼</u>，说："喏，这就是宝贝！"
それを聞いたおばあさんは，おかしいなあと思って窓から頭を出してみると，やはり松葉で建てられた日覆いの下にある二つの古い腰掛け，そして<u>壁の隅にあるぼろのいしうす，いしうすは長年のゴミでいっぱいになっている</u>－すべてがいつも通り．おじいさんがやってきて<u>そのぼろのいしうす</u>を指して，「ほら，これが宝物だ！」と言った．（『民間故事大全』）

「老头儿走过来指指那只破石臼（おじいさんがやってきてそのぼろのいしうすを指して）」は「指（指す）」という運動動詞の完成相が使用されたため，この部分は前景となる．「那只破石臼（そのぼろのいしうす）」は（59）の言語文脈領域の a2 とその文脈情報 B「在墙角落头堆满陈年垃圾的破石臼（壁の隅にある，長年のゴミでいっぱいになっているいしうす）」の両方を指している．このとき，話し手は a2-a1 のリンクをたどらず，自分の共有知識領域に予め格納された a1 とその属性情報を利用していない．

(59)

DM-S　　　　　　　　　　　DM-H

a1　A

a2-a1のリンクをたどらず，
a1の属性情報Aを利用しない

a2　B

「那只破石臼」

また，話し手は「那只破石臼」を用いて，「老头走过来指着说石臼是宝贝（おじいさんがやってきてぼろのいしうすを指して宝物だと言った）」という新しい属性情報を付け加えている（60）．

(60) a2の属性情報Bのアップデート

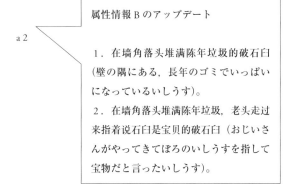

次の (61) も典型的な用例となる.

(61) (前略) 经他悉心喂养，不几天幼狐伤口就愈合了. 小家伙在笼子里蹿上蹦下. 杜凤鄂常逗狐玩耍，画了不少草图.
有次，他作好一幅画后，又出来逗那狐玩.
彼による心をこめた飼育のお陰で，数日後幼狐の傷がふさがった．その子はかごの中で跳ね上がったり，走り回ったりしている．杜鳳鄂はよく狐をあやして，たくさんのスケッチを描いた．
ある日，彼がスケッチを描いた後，(部屋から) 出てきてその狐をあやした．
(《民间故事大全》)

運動動詞「逗 (あやす)」の完成相から，(61) の「那狐 (その狐)」が使われる文脈は，物語の前景に相当することが判断できる．前景は物語の世界のプロットラインであり，話し手は聞き手をこの物語世界に参画させるため，共通の言語文脈領域に書き込まれた属性情報しか利用していないため，「那狐 (その狐)」を使っていると考えられる．

以上の考察から，日本語のソと同じように，「那」は一般に前景で属性情報をアップデートするために用いられていることが判明した．

一方，展開部の前景で「那」が用いられやすいのに対して，背景では「这」が多用されている．(61) の先行文脈を含める (62) を見てみよう．

(62) 途中,他碰到一个猎人.猎人肩上挎一只狐.狐是猎人下夹捕的,所以只伤未死.他就将狐买了下来.这是一只幼狐,红色的毛油光发亮.两只小眼怯生生地望着他,他爱怜地摸了摸狐的脑袋.回来,杜凤鄂用盐水细心地为幼狐擦洗伤口.经他悉心喂养,不几天幼狐伤口就愈合了,小家伙在笼子里蹿上蹦下.杜凤鄂常逗狐玩耍,画了不少草图.

有次他作好一幅画后,又出来逗那狐玩.

途中,彼は一人の猟師に会った.猟師は一匹の狐を肩にかけている.狐は動物のはさみで捕まえられたので,怪我をしているが,死んでいなかった.すると,彼は狐を買っておいた.これは幼狐であり,赤い毛がつやつやしている.狐はその小さな目で恥ずかしそうに彼を見つめていたので,彼はいとしそうに狐の頭をなでていた.帰ってきたら,杜鳳鄂は塩水で幼狐の傷を洗ってあげた.彼の心をこめた飼育のお陰で,数日後幼狐の傷がふさがった.その子はかごの中で跳ね上がったり,走り回ったりしている.杜鳳鄂はよく狐をあやして,たくさんのスケッチを描いた.

ある日,彼は絵を描いた後,(部屋から)出てきてその狐をあやした.

《民间故事大全》

(62)の「这是一只幼狐(これは幼い狐である)」という名詞文は,物語の筋から離れた背景の部分となる.そこには継続的な時間の流れがなく,話し手による説明が行われている.「説明」の場合には,(63)のように,聞き手に開示済みの情報Bではなく,話し手だけ保持しているa1とその属性情報Aを利用する必要がある.したがって,a2→a1のリンクをたどって,話し手はa1とAを利用しながらa2を「这」で指していると考えられる.

(63)

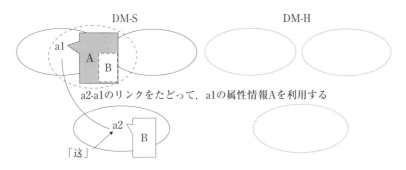

次の (64) においても同様な傾向が見られる．

(64) (前略) 有个和尚说:"这钟声有道理，寺里有个杀猪佬，神钟不肯进这种不干净的佛门呀！"这几句闲话原是说着玩的，谁知却伤了寒山，拾得的心．因为他们两个以前做过杀猪屠夫．(中略) 众和尚七手八脚地去推钟，可是倒像被铸在石头驳岸上一样，不管花多大力气，那口钟还是纹丝不动．

(前略)「この鐘音にはわけがある．お寺に食肉処理業者がいるから，神鐘はこんな不潔なお寺には入りたくないのだ」とある和尚さんが言った．この余談話はもともと本気ではないが，寒山と拾得の心を傷つけた．なぜなら，彼らはもともと食肉処理業者だったからだ．(中略) 和尚さんたちは慌ただしく鐘を押し動かしに行ったが，石の護岸堤に鋳造されたように，どれだけの力で押してもその鐘はちっとも動かなかった．(『民間故事大全』)

「这几句闲话原是说着玩儿的（この余談話はもともと本気ではない）」の状態動詞から，この部分は背景に相当すると判断できるため，「这」が用いられやすい．また，「那口钟还是纹丝不动（その鐘はちっとも動かなかった）」の運動動詞の完成相から，この部分は前景であることが分かって，「那」が使われやすいという傾向につながっている．

なお，(55) が示しているように，前景における「这」の出現回数が42回であり，背景で用いられている「那」の出現回数が30回である．ここからは，前景で用いられる「这」と背景で使われる「那」について考えてみたい．

(65)は典型的な展開部であり,「有一次(ある時)」はそのマーカーとして機能している.そして,「有一次,一个亲戚送给他一瓶上等蜜糖(ある時,一人の親戚から上等のはちみつをもらった)」は前景(波線部)を示しており,二重下線部の「那蜜糖色泽清醇」は形容詞文であり,背景となる.

(65) 有一次,一个亲戚送给他一瓶上等蜜糖.<u>那蜜糖色泽清醇</u>,只要一打开瓶盖,屋里便充满了芬芳诱人的香味.
ある時,一人の親戚から上等のはちみつをもらった.<u>そのはちみつは色合いが鮮やかでコクがある</u>.瓶のふたを開けると,部屋の中は芳しい香りが満ちあふれる.(『民間故事大全』)

背景で用いられている「那」は,先行文脈から「一个亲戚送给他的上等蜜糖(一人の親戚からもらった上等のはちみつ)」という属性情報を持ち込んでおり,「那蜜糖」を使うことによって,「色泽清醇(色合いが鮮やかでコクがある)」という新しい情報を付け加えている.このことから,展開部の背景で使われる「那」の数は少ないが,やはり前景で用いられる時と同様に,属性情報をアップデートする働きをしているということが分かる.

背景で用いられる「那」に対して,次の(66)(67)の前景で用いられる「这」は強い現場性を持つ.

(66) 只见老头把手一招,叫出了他的<u>七个闺女</u>来.花相公一看,<u>这七个</u>的个量,面貌都一个样儿.
老人が手を振って,<u>七人の娘</u>を呼び出した.花さんがざっと見ると,<u>この七人</u>の身長,容貌は全く同じだ.(『民間故事集萃』)

(67) 他卖油条,把一双手弄得油乎乎的,用手数<u>铜钱</u>,把铜钱也弄得油乎乎的.他瞧着<u>这些油乎乎亮闪闪的铜钱</u>,可高兴了.
彼は揚げパンを売って,手を油だらけにした.手で<u>銅銭</u>を数えると,<u>銅銭</u>も油だらけになった.彼は嬉しそうに<u>この油だらけでピカピカ光っている銅銭</u>を見つめていた.(『民間故事』)

(66)と(67)はいずれも視点化された語りである.「一看(ざっと見ると)」「瞧着(見つめる)」などの知覚動詞と「个量,面貌都一个样儿(身長,

容貌は全く同じだ)」「油乎乎亮閃閃(油だらけでピカピカ光っている)」などの視覚描写によって,話し手と聞き手にとって共通の物語の世界に発話状況領域が開かれ,談話モデルの埋め込みが発動されている(68).話し手は登場人物の視点から,埋め込まれた談話モデルにおける発話状況領域に存在するa1を「这七个(この七人)」「这些油乎乎亮閃閃的銅銭(この油だらけでピカピカ光っている銅銭)」で指していると考えられる.

(68)
話し手Sの談話モデル1

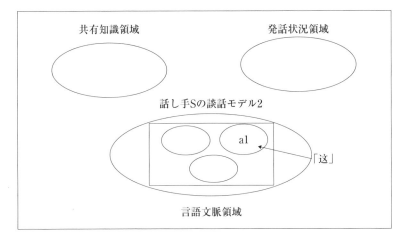

以上の考察を通して,展開部の背景と前景における「这」「那」の選択原理は次のようにまとめられる.

(69) 展開部の前景と背景における「这」「那」の選択原理
　　前景のデフォルトは「那」である.話し手が聞き手と共有している言語文脈領域における談話指示子の属性情報をアップデートするために「那」を用いる.一方,背景は主に「这」の世界と見なすことができる.話し手が自分のみ独占している情報を指すときに「这」を用いる.
　　また,属性情報のアップデートは背景においても行われることがあるため,その時に「那」を用いる.さらに,前景と背景で談話モデルの埋め込み

が行われた場合には「这」を用いる．

終結部は，一般に動的な時間の流れを伴わない物語の背景となるため，ここではやはり「这」が用いられやすいという傾向が観察された．

(70)（前略）"狐假虎威"就是由<u>这个故事</u>而来．现在，人们用它来比喻倚仗别人的势力欺压人．
「トラの威を借るキツネ」というのは，<u>この物語</u>から由来したものである．いま，人々はそれを使って勢力を頼んで弱い者いじめをする者をたとえる．

(『民間故事』)

(71)（前略）后来，唐朝大诗人李白，专门为<u>这件事</u>写了一道诗：黄河三尺鲤，本在孟津居，点额不成龙，归来伴凡鱼．
その後，唐の有名な詩人李白は，<u>この事</u>についてわざわざ「黄河三尺鯉，本在孟津居，点額不成龍，帰来伴凡魚」という詩を作ったという．（『民間故事』)

(70)と(71)は話し手の発話によって物語がまとめられる部分である．まとめの部分は物語のプロットラインではなく，聞き手にはアクセスできない話し手のみ保持している豊富な属性情報にアクセスする必要があることから，「这」が用いられやすいと考えることができる．したがって，上例の「这个故事（この物語）」「这件事（この事）」を「那个故事（その物語）」「那件事（その事）」に置き換えると不自然な文となる．

3.3　先行研究における問題点の再検討

本研究は庵（2007）のソ系列の選択原理，つまり「テキスト的意味の付与」を基本的には支持するが，コ系列の選択原理およびコ系列しか用いられない文脈の特徴を支持しない．ここからは語りモードにおける「導入部」「展開部」「終結部」，および前景と背景の観点から，庵のコ系列しか用いられない文脈の特徴である「言い換え」「ラベル貼り」および「遠距離照応」における問題点の解決を試みる．

庵によると，(72) (73) のように，「エリザベス・テイラー」を「女優」に「言い換え」の場合と，「序盤では一歩得のために三手ぐらいかけるのに，終盤の現在だと二手と馬の交換ならオンの字」という先行文脈に「価値の転換」という「ラベル」を貼った場合，「この」しか用いられないとされる．

(72) エリザベス・テイラーがまた結婚した．この/＊その女優が結婚するのはこれで七回目だそうだ．（庵 2007: 87）

(73) 序盤では一歩得のために三手ぐらいかけるのに，終盤の現在だと二手と馬の交換ならオンの字というしだい．この/＊その価値の転換をインプットする難しさが，コンピューター将棋の最大難関だそうな．

（庵 2007: 92　日本経済新聞夕刊 1992. 2. 15）

本研究は「『言い換え』と『ラベル貼り』の場合にはコが用いられやすい」という説の妥当性を認めつつ，談話モデルを用いてこの問題を次のように解釈する．

すでに言及しているように，導入部，または背景において話し手による説明や解説が行われた場合，話し手しか保持していないより豊かな属性情報を利用する必要があるため，一般にコが使われる．例文 (72) の「この女優が結婚するのはこれで七回目だそうだ」および (73) の「この価値の転換をインプットする難しさが，コンピューター将棋の最大難関だそうな」というコピュラ文[16]は，語りのモードにおける背景と見なすことができる．また，このような「言い換え」や「ラベル貼り」の前提として，話し手の共有知識領域には「エリザベス・テイラー＝女優」「序盤では一歩得のために三手ぐらいかけるのに，終盤の現在だと二手と馬の交換ならオンの字＝価値の転換」という予備知識があらかじめ蓄えられなければならない．その知識は言うまでもなく話し手のみ保持しているものであり，(74) のように，a1 の属性情報 A（灰色の部分）を利用しなければならないため，コのほうが自然となるが，まだ聞き手に開示していないのにソを用いると不自然となる．

(74)

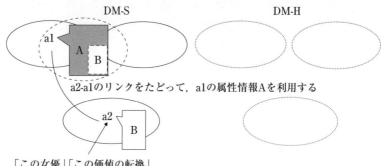

このほか，庵によれば，(75)の場合には「医師」という先行詞と「この医師」の間の距離が遠いため，「この」しか用いられないとされる．

(75) ソリブジン発売後，最初の死亡報告例となり，今回のインサイダー取引を生むきっかけになった神奈川県内の女性（当時64）の次女は，複雑な胸中をのぞかせる．母親が帯状疱疹にかかった時，服用していた抗がん剤について「相互作用がこわいから，医者に見せたほうがいいわよ」と言った．医師は，母親が持参した抗がん剤をカルテに控えながら，ソリブジンの投与を続けた．「もちろん，治療段階で死亡例を隠していたことや，母の死の情報をもとに，株を売り抜けていた社員には怒りを感じる．でも，騒ぎのかげで，医師の責任が軽んじられていくようで，やりきれない」日本医師会は，この薬害事件直接「事故の責任はあげて製菓会社が負うべきだ」として，責任の一切を製菓会社に押し付ける文書を各都道府県の医師会に配布した．この／？その医師は，この文章を根拠に，今でも，補償交渉の場に出てこない．

（庵 2007: 90　朝日新聞夕刊 1994.6.23）

しかし，(76)では「茨城県のある町」と「その町」の距離が遠いか否かにもかかわらず，「その」が適格である．

(76) 自分が三歳だった頃の新聞を隅から隅まで読むうちに，加恵子はようやくある記事にたどりついた．茨城県のある町で，三歳の女の子の行方が分からなくなったというものだ．そこには行方不明になった子どもの名前と共に，父

親の氏名や住所も出ていた．庄司直子．父親は庄司力．
「庄司直子っていうのが，私の本当の名前なんだろうかって，不思議だった．ドキドキして，独りでに顔が真っ赤になるのが分かったわ．他の記事も読んでみたけど，その頃，行方不明になった三歳の女の子は，その子どもだけだった」
何カ月間か悩んだ挙げ句，ある日，加恵子はその町を訪ねてみた．（後略）

（『BCCWJ 中納言』）

　(75)の「この医師は，この文章を根拠に，今でも，補償交渉の場に出てこない」という部分は本研究のいう終結部であり，語りのモードの背景に当たる．すでに言及しているように，終結部の背景は，基本的にはコの世界である．そして，終結部において話し手は聞き手に開示済みの属性情報を利用せず，自らの直接知識にアクセスしながら「医師」を「この」で指しているほうが適格である．
　これに対して，(76)の「ある日，加恵子はその町を訪ねてみた」の運動動詞「訪ねる」の完成相から，この部分は物語の展開部の前景に当たることがわかる．また，「その町」には，「三歳の女の子の行方が分からなくなった茨城県のある町で」という属性情報が付随している．この情報はすでに聞き手に開示しており，話し手も聞き手も対等な立場からアクセスことができる．話し手は「その町」を用いて，さらに「加恵子が訪ねてみた」という新しい属性情報を追加していると考えることができる．
　以上のことから，「この」しか用いられないのは，「先行詞と照応表現の距離」などテキスト上の形式にはつながりがなく，語りのモードにおける「終結部・展開部」「前景・背景」という談話構造と，話し手が自分のみ保持している直接知識を利用しているか否かということと深いかかわりを持つことが判明した．
　庵(2007)における日本語の文脈指示詞コとソ問題点を検討した後，ここからは中国語の指示詞を扱った丁(2003)における問題点を見てみよう．
　丁によれば，過去の出来事を叙述するとき，「共時的叙述(77)」と「回

想的叙述（78）」がある．共時的な叙述の場合には「这」が用いられやすく，回想的な叙述の場合には「那」が用いられやすいとされる．

(77) 从初中二年级起，我的学习成绩渐渐上升，特别是数学，学起来饶有兴趣．这时绍兴县中已并入浙江省立绍兴中学．
中学校二年生から，私の学習成績が徐々に良くなって，とくに数学には興味があった．このとき，浙江省立紹興中学校がすでに紹興県に合併された．
（丁 2003: 35）

(78) 那是个礼拜日的上午．那是个晴朗而令人心碎的上午．
それは日曜日の朝だった．それは晴れたけど，悲しい朝だった．（丁 2003: 35）

　この丁の説明は正しいと言えるが，丁は（77）（78）における異なる談話理解のメカニズムについて述べていない．ここでは，談話モデルを用いて説明する．
　まず，(77) の場合は図 (79) のように，談話モデルの埋め込みが行われている．

(79)
話し手Sの談話モデル1

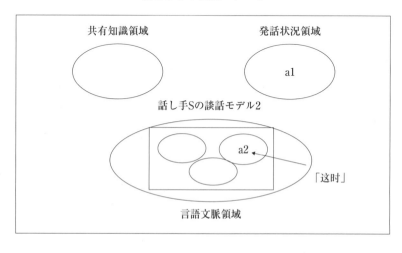

第2章 物語における日中の文脈指示詞　談話構造からのアプローチ　　107

　この時,「这时」は話し手のいるより大きな談話モデル１の発話状況領域において流れている時間 a1,つまり実際の発話時を指しておらず,話し手と聞き手の共通の言語文脈領域に埋め込まれた談話モデル２の発話状況領域における時間 a2,言い換えれば,話し手は物語の登場人物と一体化して,登場人物の視点から物語内の時間を指していると考えられる.

　一方,(78) では,談話モデルの埋め込みが行われず,図 (80) のように,話し手は物語の内部に入り込まずに,ナレーターの視点から「那」を持って,共通の言語文脈領域に登録された時間 a2 を指している.

(80)

DM-S　　　　　　　　　　　DM-H

　　　　　　a1

　　　　　　　　a2　←　「那」

　以上をまとめると,談話モデルの埋め込みが行われているか否かは,丁 (2003) のいう「共時的叙述」と「回想的叙述」の区別を裏付けていると考えられる.

＊

　本章では,浜田 (2001) の物語における時間性の違いによる四層構造をもとに,より一般的な談話構造の分析を目的として,談話の展開に沿った「導入部」「展開部」「終結部」という三層構造を提示した.また,一般に「導入部」と「終結部」は時間の流れを持たず,主に変化を伴わない状態や性質を表す「背景」の部分から構成される.これに対して,「展開部」は物語のプロットラインとしての「前景」と物語のフレームとしての「背景」の両方から構成される.そこで,語りのモードにおける日本語と中国語の文脈指示詞の使い分けを考察する際に,本研究が提唱した三層構造と

それを構成する「前景」「背景」の部分は有効であることが判明した.

具体的には,前景のデフォルトはソと「那」であり,話し手が聞き手と共有している言語文脈領域における談話指示子の属性情報をアップデートするために用いる.また,背景は主に近称の世界と見なすことができる.話し手が自分のみ独占している情報を指すときにコと「这」を用いる.

その一方,属性情報のアップデートは背景においても行われることがあるため,その時にソと「那」を用いるが,前景と背景で談話モデルの埋め込みが行われた場合にはコと「这」を用いることがある.

語りのモードにおける日中の文脈指示詞の用法を考察した後,次の第3章では,情報伝達モードにおける日中の文脈指示詞を扱う.語りのモードと同じように,情報伝達モードにおいても話し手の目の前に聞き手はいない.しかし,語りのモードと異なるのは,情報伝達モードでは話し手は聞き手を想定せず,談話は話し手の一方的な伝達によって展開されるため,談話の相互行為としての性格が非常に弱い.また,話し手は一方的に情報を占有し,聞き手に対して優位に立つため,談話に対する話し手と聞き手の関わり方は非対称的である.このような場合では,日中の文脈指示詞は果たしてどのような振る舞いを示しているであろうか.

注

1) 例文原文をそのまま引用したが,実は德川秀忠の命日は24日のようである.
2) 情報伝達モードの場合には,一般的な書き言葉と異なり,話し手があまり聞き手を意識せず,一方的に談話を展開する.したがって,これを一種の特殊な書き言葉と見なすことができる.また,対話モードにおいては話し手の目の前に聞き手がいて,両者はキャッチボールのように話を交わすため,話し手の談話発動の方略は,書き言葉のモードと本質的に異なると考えられる.対話の場合,複数の話題が重ね合わされる形を取りやすいため,談話構造の輪郭は不明瞭となってしまうこともある.
3) 一般に,あるものがそれ以外のものを背景として浮き上がって知覚される場合,それを図(前景)と呼び,その背景を地と呼ぶ.
4) 金水・田窪(1990)の「視点遊離のコ」に相当する.
5) 聞き手に開示していない情報を利用しているものとして,金水・田窪(1990)の言う「解説のコ」の例文(1)が挙げられる.
(1)私には,酒好という変わった名前の友人がいる.この人は,名前とは逆に一滴も酒が飲めない.(金水・田窪 1990)

金水・田窪 (1990) は，この場合には話し手が聞き手に対して内容の把握，情報量などの点において優位に立って談話を展開しているとして，これ以上説明していない．のちに詳しく論じるが，(1) の場合には，話し手は自分の共有知識領域にしかない情報を利用しているため，コしか容認されないのである．

6) 黒田 (1979) では，「概念的に捉えるソ」と「直接経験の領域にあるものとして捉えるコ」という一般化がなされている．
7) 現場指示的用法における「心理的な距離」，たとえば，近称指示詞の遠称用法を扱った研究として，日本語では加藤 (2004)，中国語では木村 (1992)，崔 (1997) および劉 (2010a) などがある．
8) 本書の序章で論じたように，日本語の現場指示詞の研究では距離区分と人称区分のどちらが本質的なのかについて議論されてきたが，距離区分説も人称区分説も完全に問題を解決できるわけではなく，同時に両者の部分的な有効性を認めるという折衷的な結論になっている．現場指示の場合には，二人称領域を規定しやすいため，人称区分説が有効であると考えられるが，文脈指示の場合には (特に語りのモードと情報伝達モードの場合)，二人称領域は規定しにくいため，人称区分説と折り合わないことがある．したがって，本研究の仮説は基本的に距離区分説に基づいたものとなる．
9) 動詞述語文以外の形容詞文や名詞文は，一般に物語の背景を構成すると考えられる．
10) すでに述べているように，言語文脈領域に登録された談話指示子 a2 だけ (属性情報を含まない) を指しているときに，コとソは入れ替え可能となる．
11) Smith (2003) の「描写モード」に相当する．
12) 「のだ文」とは，文末形式が「のだ」「のである」「のです」「んだ」「んです」などの文の総称である．
13) 「連動読み」の場合には，たとえ終結部においてもソを使わなければならないのである．連動読みとは「どの県の職員がその県の条例に通じているか見てみましょう」といった文のように，指示対象が一つに決まらない用法のことである (上山 (2000) など)．ここで「その県」はある特定の県を指しているのではなく，「どの県」に対応した県を指す．ソは連動読みできるが，コとアは一般に連動読みができないとされる．次の (1) は，物語の終結部で連動読みの機能を果たしているソの用例である．
(1) (前略) 人の話は，ちゃんと聞かなくてはいけません．話を聞かないと，その人はこの坊さんのように話してくれなくなりますよ．(『福娘童話集』)
(1) は終結部であり，「聞く」「話す」という運動動詞の習慣相から，この部分は背景であることが判明する．一般に背景で特定の指示対象を指すときにコを用いるため，「この坊さん」が使われているが，「その人」は特定の指示対象を指しておらず，その指示対象が一つに決まらないため，強制的にソを用いなければならないのである．
なお，連動読みという現象は本研究の扱う問題と直接関係しないため，これ以上立ち入らない．日本語のソと中国語の「那」の連動読みの対照研究については，杉山・劉 (2013b) を参照されたい．
14) 「メタ」という言葉は，「高次な〜」「〜を含んだ」などの意味の接頭語であり，ギリシャ語からの用語である．
15) 劉 (2011) では，メタ言語的な名詞を「包括的なトピック」，普通名詞を「部

分的なトピック」と呼んでいる．包括的なトピックとは，談話の構成要素ではなく，談話全体，ないし一部をまとめるような抽象的なトピックである．たとえば，「話」「計画」「研究」などは包括的なトピックと見なすことができる．一方，部分的なトピックとは，「男」「町」「牛」のような談話に登場する具体的な対象を言い，包括的なトピックに含まれる構成要素を指す．包括的なトピックを指し示すときに，コが用いられやすいとされる．
(1) (男性の社長Sが女性の社員Hに向かって)
  S：結婚してほしい．
  H：憧れの社長と結婚なんて夢みたい．
  S：偽装結婚の相手が必要なんだ．
  H：<u>この話</u>はなかったことにしてください．
  S：それじゃ，<u>この話</u>は内緒にしてね．(au 携帯の広告文，最後の行のみ作例)

16) 一般的には，「A (主語) は B (補語) だ」のような形の文をコピュラ文 (ないし名詞述語文) と言い，述語が動詞からなる文を動詞述語文という．

コラム

物語の冒頭に現れる日本語のソと中国語の「那」

　一般に，日本語と中国語の物語の冒頭（導入部）では，コと「这」が現れやすい．しかし，(1)～(4)のように，ソと「那」がいきなり出現する場合がある．

(1)（導入部の冒頭）その寺の和尚さんは謎かけが苦手だった．（『今昔かたりぐさ』）
(2)（導入部の冒頭）その国では，年をとってはたらけなくなると，山へ捨てなければならないきまりがありました．（『今昔かたりぐさ』）
(3)（導入部の冒頭）那女人名叫梁淑芬，可我爱叫她小松鼠．（「是谁在伤害谁的心？」『微型小说选刊』）
　　その女の名前は梁淑芬という．しかし，僕は彼女を「小栗鼠」と呼ぶことを好む．
(4)（導入部の冒頭）那个男人只喜欢打牌．（http://blog.jxcn.cn/u/chenyongquan/237161.html）
　　その男は麻雀だけが好きだった．

　実は，この時のソと「那」は，あくまでも物語における一種の文学的なレトリックであり，談話の典型的な書き出しとは考えにくい．たとえば，友人とばったり町で出会った時の会話(5)(6)では，現場指示の場合はもちろんソと「那」が用いられるが，文脈指示の場合，初めて言及するときに「その神社」と「那女人（その女）」を用いることはできない．

(5) S：＊その神社は小学校に通うときの集合場所になっています．
　　 H：ちょっと待って，周りに神社なんかないですけど…（作例）
(6) S：＊那女人名叫梁淑芬，可我爱叫她小松鼠．

　　　　その女の名前は梁淑芬という．しかし，僕は彼女を「小栗鼠」と呼
　　　　ぶことを好む．
　　H：等等！那女人指的是谁啊？
　　　　ちょっと待って，だれですかその女って？（作例）

　では，なぜ物語では初めて言及するときにソと「那」が使えるが，会話の場合は使えないのか．ここでは，フレーム（frame）という概念を援用してみたい．初めてフレームという概念を取り上げた研究は Minsky（1977）である．Minsky（1977）の「フレーム」の概念は，言語学の研究においても応用されている（例えば，Fillmore（1977）がこの概念をもとに，自分の格文法の理論（case grammar, 1968）を発展させた）．Minsky は人工知能の研究の立場から，この概念の定義について，「人々は新しい状況に出会った場合，記憶からある構造を選び出す．この構造をフレームと呼ぶ」と述べている（Minsky 1977）．Minsky によれば，フレームにはデフォルト要素が存在する．具体例として，一般に西洋式の「結婚式」フレームには新郎，新婦，ウェディングドレス，結婚指輪などがデフォルト要素となる．

　フレームは，定冠詞の用法に深く関係している．東郷（2005）によれば，フランス語の定冠詞 le の使い方で大事なのは，このフレームなのである．たとえば，「クリスマス」というフレームには，le sapin de Noël（クリスマスツリー），le Père Noël（サンタクロース），les cadeaux（プレゼント），la bûche（（薪の形の）クリスマスケーキ）のように，「クリスマス」というデフォルト要素がある．フレームは末端にスロットを持ち，そのスロットにデフォルト要素が納まれば容認されるため，初めて言及するときでも定冠詞を用いることができる．

　さて，（1）〜（4）と（5）〜（6）の違いに戻りたい．後者で話し手が唐突にソと「那」を使えないのは，その会話の開始時にまだフレームが存在しないからである．一方で前者の場合，談話が始まる前に，話し手と聞き手の間にあるフレームがすでにできている．それは，「物語」のフレームである．談話の開始する前から，聞き手は「今日はどんなストーリーかな」と，話し手の物語を期待している．物語のフレームには，ふつうストーリーの発生時間や場所，登場人物などがつきものであり，それらはフレームのデフォルト要素である．「その寺」と「その国」は出来事の発生場所，「那女人（その女）」と「那个男人（その男）」は物語の登場人物を指定するために用いられているため，聞き手は「物語」のフレームを通して推測して，そのような表現をうまく理解

できると考えられる．このような談話理解のプロセスを談話モデルで図示すると，（7）のようになる．

（7）

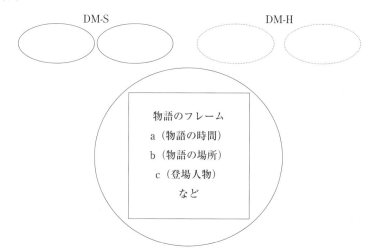

　一般に，話し手の発話によって，その共有知識領域にある談話指示子が言語文脈領域に導入され，それに新しい属性情報を次々と付け加えていく．（1）〜（4）の場合には，話し手は共通の言語文脈領域に存在すべき物語の世界をフレームとして，「その寺」や「その国」「那女人」「那个男人」でフレームに含まれるデフォルト要素を指しており，すでに聞き手に共有されているかのようにソと「那」を用いている．

　同様に，「その当時は戦争中だった」「その侍は当惑した」などのような物語の冒頭も考えられるが，それぞれ物語というフレームに含まれるデフォルト要素の「時間」と「登場人物」を指している．なお，このような冒頭部は，導入部を省いていきなり展開部から文章をはじめるものと見なすこともできる．

　このほか，これとよく似た英語の例として，次のようなケースがある．例文（8）では，初めて物語に登場する人物にもかかわらず，いきなり定冠詞のtheが用いられている．この時のtheを日本語と中国語に訳すと，やはりコと「这」ではなく，ソと「那」を用いることになる．

（8）（物語の冒頭）The man went to bed after a long night of work.

その男は長い夜の仕事を終えた後で寝ました．
那个男人经过了一个长夜的工作进入了梦乡．（*The Man in the Dark Room.* http://www.crappypasta.com/the-man-in-the-dark-room-part-1）

　これは，日本語のソと中国語の「那」は定冠詞とよく似た機能を果たしていることを裏付けていると考えられる．具体的には，劉（2014b）を参照されたい．

第3章
新聞・ニュースにおける日中の文脈指示詞
圧倒的に使われる近称

　前章で言及しているように，情報伝達モードは相互行為としての性格が非常に弱く，話し手は一方的に情報を占有し，聞き手に対して優位に立つ．このモードでは共有知識領域のうちに百科事典的知識領域は利用可能であるが，新聞やニュースでは個人的なエピソード経験を語ってはいけないため，エピソード領域は利用できない．また，目の前に聞き手がいないため，聞き手の談話モデルにおける3つの領域は利用できない．このため，情報伝達モードでは最も利用されるのは話し手の言語文脈領域と，共有知識領域における百科事典的知識領域である．

（1）情報伝達モードにおける談話モデル状態

　ここからは，情報伝達モードの典型的なジャンルであるニュースの報道を考察対象とする．たとえば，次のような用例（2）が挙げられる．（2）ではソもアも用いられず，コしか容認されない．

（2）ニュース報道の例文
　　東京・文京区のアパート併設の住宅で31日朝，火事があり，4人がけがをし

た．31日午前10時ごろ，文京区千駄木のアパート併設の住宅の2階部分から火が出ていると通報があった．火は2階部分およそ50平方メートルを焼き，およそ1時間後に消し止められた．この／＊その／＊あの火事で，住宅部分に住む男女あわせて4人がけがをしたが，いずれも軽傷だという．
警視庁と東京消防庁は，出火原因などをくわしく調べている．

(FNNニュース2011年1月31日)

本研究は『FNNニュース』2010年報道分（約4万6000字ランダム抽出）と『北京晨報（北京朝新聞）』2011年報道分（約4万2000字ランダム抽出）における指定指示の「この（＋名詞）・その（＋名詞）」「这（＋名詞）・那（＋名詞）」，指示代名詞の「これ・それ」，「这・那」の使用数について調査した．その結果，『FNNニュース』においてコ系は63例（97.0％），ソ系は2例（3.0％）であり，『北京晨報』では「这」系は53例（94.6％）であるのに対して，「那」系は3例（5.4％）であることが判明した（表（3）と図（4）を参照されたい）．

(3) 情報伝達モードにおける日本語と中国語の指示詞の使用数

情報伝達モード	「これ」 「この＋名詞」	「それ」 「その＋名詞」	「这」 「这＋名詞」	「那」 「那＋名詞」
指示詞の使用例	63（97%）	2（3％）	53（94.6%）	3（5.4%）
合計	65		56	

(4)

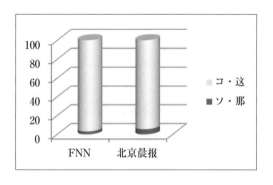

ここからは，なぜ情報伝達モードの典型的なジャンルであるニュース報道文では，ほとんどの場合にはコ系と「这」系文脈指示詞が用いられるのかという問題を説明するために考察して行きたい．

1 情報伝達モードにおける文脈指示詞

1.1 日本語の場合

情報伝達モードでは，目の前に聞き手（視聴者）がいないため，話し手（アナウンサー）はその知識状態を査定する必要はなく，情報の占有者として一方的に情報を伝達し，談話を構成している．この場合，両者の関わり方は非対称的である．また，話し手は一般に事件について詳しく展開することなく，順序良く発生時間や事件の概要などを言語文脈領域に書き込めばよいと考えられる．この情報伝達モードの特性が，ニュースではソ系もア系も現れにくく，基本的にはコが用いられるという結果につながっていると言える．具体的には，次の（5）（6）を見てみよう．

(5) タイ中部の農村で，収穫を祝う男たちによる熱いレースが繰り広げられた．この／＊そのレースは，年一度の収穫祭で男を競うタイの伝統的な行事．
(FNN 2010. 2. 17)

(6) 29日午後7時すぎ，福島・郡山市で木造平屋建ての住宅1棟が全焼した．火災発生直後の現場をFNNのカメラがとらえた．この／＊その火事で，男性1人が手などにやけどを負って病院に搬送された．（FNN 2010. 1. 30）

（5）（6）というニュース報道文では，コしか用いられない．この場合，（7）のように，談話が始まる前に，話し手の共有知識領域に談話指示子a1とその属性情報Aがあらかじめ登録されている．

(7)

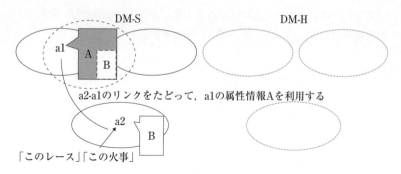

　話し手は「タイ中部の農村で，収穫を祝う男たちによる熱いレース」「福島・郡山市で木造平屋建ての住宅1棟が全焼した」と発話してa1をa2として言語文脈領域に登録する．そして，話し手は情報の全面的な占有者として振る舞い，自分しか持っていないa1とその属性情報A（点線で囲まれた部分）にアクセスしながら言語文脈領域に登録されたa2を指している．この時，話し手はa2→a1というリンクをたどる必要がある．

　ニュース報道文ではコの用例は63例が見つかり，ソがわずか2例しかない．ア系指示詞がまったく見られていない．その一方，少ないながらもソが用いられることがある（8）．

(8) 北海道・札幌市で30日に行われたノルディックスキージャンプの全日本選手権で，オリンピック代表組が表彰台を独占し，好調をアピールした．バンクーバーでも神風を起こせるかが注目される37歳の葛西紀明選手が，ベテランならではの安定感抜群のジャンプを披露した．
　　葛西選手は「うまくタイミングが合えば飛距離も出るし，まだバンクーバーまで時間があるので，焦らずゆっくり調整していきたいと思っています」と話した．その葛西選手を上回る大ジャンプを，22歳の竹内択選手が見せた．（後略）

(FNN 2010.1.30)

　このようなソが使われているニュース報道文は，典型的な報道文より長

いという特徴が観察される.

　ニュース報道文は基本的には短い．話し手は全面的な保有者として情報の概略に言及するが，その詳細について述べないことが多い．しかし，ソが使われている例では一般的な報道文よりずっと長く，概略の言及だけではなく，物語のようにその詳細に言及する傾向が見られる．

　すなわち，（8）は情報伝達モードの典型例ではなく，「語りのモード」の例文であると考えられる．また，「その葛西選手を上回る大ジャンプを，22歳の竹内択選手が見せた」の運動動詞「見せる」の完成相から，この部分は前景であることが分かる．

　（9）のように，a2（「葛西選手」）にはもともと「バンクーバーでも神風を起こせるかが注目される，ベテランならではの安定感抜群のジャンプを披露し，バンクーバーまでにもっと調子を上げると自ら語った葛西選手」という属性情報Bが付随している．「その葛西選手」はa2と属性情報Bの両方を指しており，話し手の新たな発話「上回る大ジャンプを，22歳の竹内択選手が見せた」によって，属性情報Bのアップデートが行われ，Bはより豊かな情報となった（庵（2007）の考えでは，「その葛西選手」には「テキスト的意味の付与」が行われているとされる）．

（9）

[図: DM-S と DM-H の領域を示す図．DM-S 側に a1 と A，a2 と B が配置され，「a2-a1のリンクをたどらず，a1の属性情報Aを利用しない」および「その葛西選手」の注釈が付されている．]

　しかし，情報伝達モードの典型例では，このような文脈があまり発動さ

れない．その条件として，ある程度長い談話でなければならないと考えられる．

　以上のことから，「この」と「その」の選択原理は情報伝達モードに左右されることが明らかになった．同時に，談話指示子の属性情報のアップデートは，情報伝達モードの典型的なものにおいて行われないことも判明した．

1.2　中国語の場合

　情報伝達モードにおいては，日本語では一般にコが用いられるのに対し，中国語の場合においても近称しか用いられない傾向が観察される．

　たとえば，ニュース報道文の（10）（11）では，「那」を用いると不自然となり，「这」しか用いられない．

(10)　8月23日中午12時许，大屯里小区某楼27层一住户通过阳台玻璃窗发现，有一陌生男子进入隔壁邻居家，在客厅，卧室内不停地翻动物品，<u>这些／＊那些异常举动引起住户怀疑</u>，于是拨打了报警电话．
　　　8月23日正午12時頃，大屯里団地のある建物の27階に住む住民がベランダの窓ガラスを通して，見知らぬ男性が隣の家に侵入し，リビング，寝室でものを盗んでいることに気付いた．<u>この／＊その異常の行為が住民の注意を引き</u>，すると住民は通報した．（『北京晨报』2011年8月23日）

(11)　昨天下午，海淀区皂君庙小区丙4号院1号楼前花坛里，<u>一条约1米长的蛇藏身在花坛中的废弃水泥管中</u>，惊着了不少遛弯居民，幸有消防员及时赶到现场，将<u>这位／＊那位"不速之客"</u>请进了蛇皮袋．
　　　昨日の午後，海淀区皂君廟団地丙4号院1号棟前の花壇には，<u>約1メートルの蛇</u>が廃棄されたセメントパイプに身を隠し，多くの通りかかった住民を脅かした．幸い，消防隊員が早速現場まで駆けつけ，<u>この／＊その「招かざる客」</u>をポリプロピレン織布のポリ袋に入れた．（『北京晨报』2011年10月5日）

　(10)(11)の場合，話し手が自分しかアクセスできない談話指示子 a 1

とその属性情報Aに基づいて一方的に談話を構成している.「这些异常举动（この異常の行為）」「这位"不速之客"（この「招かざる客」）」を発話するとき，話し手はa2→a1のリンクをたどって自分の共有知識領域，厳密に言えば，百科事典的知識領域に格納された豊富な属性情報Aにアクセスしながら，a2を指しているのである（12）．

(12)

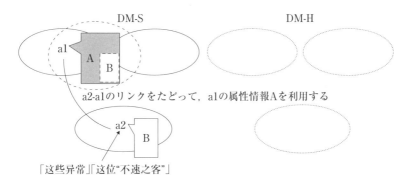

一方，圧倒的に多く用いられる「这」に対して，少ないながらも「那」の用例が3例ほど観察された．次に，情報伝達モードにおける「那」の例文を見てみよう（13）（14）．

(13)（前略）逃了5年半，日前，王江财终于在广东自首了．当年他与同伴在（福建）安溪犯下的案件，曾经震惊全国．那是2006年4月1日晚，他和5名安溪青年以出游为名，将3名安溪长坑少女诱至距离安溪城关约60公里的蓝田水电站盘山公路上欲行不轨．
（前略）五年半の逃亡生活の末，先日，王江財はようやく広東省で自首した．2006年，彼が共謀者と（福建省）安渓で犯した事件は全国を驚愕させた．それは同年の4月1日の夜だった．彼と5人の安渓の青年は旅行を名目に，3名の安渓長坑少女を安渓城から約60キロの藍田水力発電所の山道まで誘拐して無法行為しようとした．（『北京晨報』2011年12月5日）

(14)（前略）如今到哪里才能买到挂历呢？记者走访了几个批发市场，得到的都是"得有十多年没卖过了"的答复．去年记者还曾在广安东里的早市见到过一个卖

挂历的地摊．但今年再找过去时，附近居民却都表示，没再见过那个摊位了．
（前略）いまさらどこで壁掛けカレンダーを手に入れることができるのか？記者はいくつかの卸売市場を取材したが，「十数年間販売していない」という回答ばかり得た．去年，記者は広東省安里の朝市で壁掛けカレンダーの露店を発見したが，今年再び訪ねたところ，近所の住民によれば，それ以降その露店は見たことないらしい．(『北京晨報』2011年12月12日)

　日本語と同様に，ニュース報道文で「那」が使われる文脈は，典型的な報道文より長い．話し手は言語文脈領域に登録済みの談話指示子について詳しく語る傾向が観察される．このような文脈は，もはや情報伝達モードではなく，語りのモードになっていると考えられる．(13)と(14)の「那」は談話指示子の属性情報をアップデートするために用いられているわけである．

2 — 先行研究における問題点の再検討

　庵(2007)は次の(15)のコの用法を「トピックとの関連性」で説明しようとしている．庵によると，以下の例文のトピックは「自殺事件」であり，このトピックはいくつかの名詞句から構成されている．これらの名詞句((15)の「生徒」)を指す時に「この」しか使えないとされる．

(15) 福岡市近郊の中学三年の男子生徒が今月十二日，自宅マンションで飛び降り自殺していたことが十七日，わかった．遺書はなく，動機ははっきりしないが，この／＊その生徒は自殺の方法を細かく紹介したベストセラー「完全自殺マニュアル」(太田出版)を愛読していた．(庵 2007: 93 朝日新聞朝刊 1994.1.18)

　しかし，以上の(15)はニュース報道文であり，本研究でいう情報伝達モードに相当する．この場合には，トピックとの関連性を持つということは理由ではなく，情報伝達モードではコトソの用法は強く制限されることから，「生徒」を指し示すときにコしか用いられないと考えられる．

もし庵の言う通り，「トピックとの関連性」がコしか用いられない理由であれば，次の（16）では「みすぼらしい姿の男」というトピックとの関連性が高い名詞句を指すときに，コではなく，ソが用いられていることがうまく説明できなくなってしまう．

(16) それから月日はながれ，ある日，みすぼらしい姿の男が杖をついて現れて，「もう三日も食べておりません．なんでもいいから食べ物を恵んで下さい」という．すっかり長者の奥方になった娘は，その男の顔を見てびっくり．（『今昔かたりぐさ』）

本研究の観点から分析してみると，(16) は情報伝達モードではなく，典型的な語りのモードの例文に相当する．(16) で「その男」が使われた文脈は「その男の顔を見てびっくり（した）」であるため，この文脈は展開部の前景であることが明らかである．すなわち，「その男」のソは，展開部の前景で属性情報をアップデートするために使われているのである．

以上をまとめると，トピックとの関連性が高い名詞句を指し示すときに，コもソも用いられるが，情報伝達モードの場合にはコしか用いられず，語りのモードの場合には，前景ではソ，背景ではコが用いられやすいことが明らかになった．

＊

以上のように，情報伝達モードでは日本語と中国語の文脈指示詞は同様な振る舞いを示していることが判明した．

具体的には，情報伝達モードにおいてコと「这」が圧倒的多く用いられるのに対して，ソと「那」はほとんど用いられない．その理由として，話し手は自らの共有知識領域に予め格納されているより豊かな属性情報を利用しなければならないが，その情報は聞き手にはアクセスできないものとなる．したがって，話し手にとって自分しかアクセスできない情報を利用しながら，言語文脈領域に登録された談話指示子をコと「这」で指すのが自然であるが，ソと「那」を用いると不自然となる．

また，典型的なニュース報道文は短いが，長い文脈を持つものも存在している．そのような報道文では，ソと「那」が用いられるケースが観察された．しかし，そのような文脈は情報伝達モードではなく，語りのモードに相当すると考えられる．語りのモードでは，話し手は全面的に情報を占有しているにもかかわらず，一方的な情報伝達モードを避け，聞き手を物語世界に引き込むために対等な立場で談話を展開するのが一般的である．この場合，談話指示子の「属性情報のアップデート」が行われた場合，ソ系と「那」系文脈指示詞が用いられることがある．

　なお，これまで「語りのモード」と「情報伝達モード」における日中の文脈指示詞の用法を考察する際に，話し手の目の前に顕在的な聞き手がいない．そこで，話し手が潜在的な聞き手への配慮の程度によって，文脈指示詞が選択されると考えられる．言い換えれば，どこまで聞き手を配慮するかは，話し手が決めるわけである．しかし，次の第4章で扱う対話モードでは，顕在的な聞き手の談話への参入によって，話し手は聞き手とその知識状態を最大限に考慮しなければならないため，文脈指示詞の選択には変化が起こると考えられる．具体的な内容については，第4章を参照されたい．

コラム

中国光山方言における中称「恁」

　北方方言を基礎とする現代中国語の標準語には，「这（近称）・那（遠称）」という二系列の指示詞があるが，これに対して，中国の方言においては，二項対立のみならず，河南省の光山方言のように「这（近称）・恁（中称）・那（遠称）」という三項対立の指示体系を持っている．では，この中称の「恁」と日本語の中称のソの用法には，果たして共通点があるのであろうか．
　まず，「恁」の現場指示的用法を見てみよう．
　日本語の中距離のソと同じように，「恁」は近称の「这」と遠称の「那」と同時に使われるとき，両者の間にある指示対象を指す場合がある．たとえば，「这支笔是我的，恁支笔是小李的，那支笔是小张的．（このペンは私のものです．そのペンは李さんのものです．あのペンは張さんのものです．）」がその一例となる．
　「恁」は単独に用いられる時に，その指示対象が近いか遠いかはっきりしない（呉・李 2010）．日本語の中距離のソも，一般に近くも遠くもないものを指すのに用いられるとされる．このことから，「恁」は中距離のソとよく似た用法を持っていると言える．つまり，「恁」は近称の「这」と遠称の「那」の間にあることから，距離区分説は「恁」に適用できると考えられる．
　同時に，日本語の二人称領域のソと同様に，「恁」は話し相手のなわばりにあるものを指すときにも用いられる．光山方言では話し相手が持っている携帯電話を指している時，一般に「恁」を用いる傾向がある．たとえば，「恁不是我的手机啥？（それ，僕の携帯じゃないですか？）」がその一例である．このことから，人称区分説も「恁」に有効であると考えることができる．
　一方，現場指示において，「恁」を使うことができるが，「ソ」を用いられないケースがある．典型的なケースとして，「（車のクラクションを聞いて）恁是谁个在按喇叭哎？（クラクションを鳴らしているのはだれですか？）」と「（爆発の音

を聞いて）恁是么事在响唉？（これ／＊それ／＊あれは一体何の音ですか？）」などがある．前者の場合，日本語では指示詞そのものを用いにくい．後者の場合，「それ」「あれ」が不自然ではない場面もあるが，近称のコがより自然であると考えられる．

また，「我只想恁去美国．（ただあなた／＊それをアメリカへ行かせたい．）」のように，「恁」はそのまま話し相手（二人称）を指す時に用いられるが，この時ソは用いにくい（「そなた」を除く）．

次に，「恁」の文脈指示を見てみよう．

光山方言において「这」と「那」より，中称の「恁」は文脈指示として一番頻繁に用いられるとされる（張 2011）．これも日本語のソの用法とよく似た傾向と言えよう．たとえば，「S：你留学的事怎么样了？H：不要提恁了，一提我就头疼．（S：留学のことはどうなったのですか？H：＊このこと／そのこと／？あのことならもう口にしないで，頭がいたい．）」という例では，光山方言と日本語においては中称を好む共通の傾向が観察される．

また，「S：你儿子最近怎么样？H：不要提＊恁了，一提我就头疼．（S：息子さんは最近どうですか？H：＊それのことはもう口にしないで，頭がいたい．）」のように，指示代名詞の「恁」と「それ」は一般にモノやコトを指すときに用いられるが，ヒトを指すときに用いにくい．なお，日本語の場合，「そいつ」などを使った方が自然である．

さらに，すでに目の前から消えたヒトに言及した場合，日本語では観念指示のアを用いなければならないが，光山方言ではふつう「恁」を用いる．たとえば，「（先ほどおかしな人に出会った二人の会話）恁个人么样像个神经病样的．（＊この人／＊その人／あの人，変わった人ですね．）」のように，日本語のソと異なり，光山方言の「恁」は文脈指示の範囲からはみ出し，観念指示の機能を果たしているケースが観察される．

「恁」は河南省の光山地域だけでなく，河北省にある北京や天津においても用いられる．たとえば，「S：我买彩票中奖了！H：恁么好！（S：宝くじに当たった！H：それは良かったね！）などのようなケースが挙げられる．この「恁」の意味・機能については，更なる考察が必要であることを，ここにて記しておきたい．

第4章

対話における日中の文脈指示詞
情報の転送原則の違い

　対話は一方的な情報伝達が行われるのではなく，話し手と聞き手による相互的な行為である．対話モードでは談話の相互行為としての性格が最もよく現れ，話し手と聞き手は各自の情報を持ち，言葉をキャッチボールのようにやり取りする．談話に対する両者の関わり方は基本的には対称的であり，図（1）のように，談話モデルの状態は対立型であると考えられる．

（1）対話モードにおける談話モデルの状態

1 ─ 対話モードにおける文脈指示詞

1.1　日本語の場合

　金水・田窪（1990）が言及しているように，日本語の場合，基本的に文脈指示にはソが用いられる．話し手からの心理的な距離に関して中立的なソに対して，コは文脈指示において有標である．本研究はこの説を支持

し，以下，文脈指示においてデフォルトのソと有標のコについて詳しく分析していく．

1.1.1 デフォルトのソ

対話モードではデフォルトの文脈指示詞はソである．劉（2011）の研究結果によれば，『日本語会話データベース』や『CSJ自由会話』など，対話モードにおけるソの出現率が約90％である．つまり，対話の場合には，話し手も聞き手もソを用いて指示対象を指すのが最も一般的である．

まず，例文（2）を見てみよう．

（2）（話し手と聞き手が話し手の過去の経験について話している）
　　　S：私なんか昔の記憶紐解いてみると京都の男性で好きな人がいましたけどね．
　　　H：そうなんだ．なるほどね，一人一人違うということで．
　　　S：そうですね．その人はいい人でしたけどね．
　　　H：その人はいまどこでなにをしているんですか？
　　　　　　　　　　　（『CSJ自由対話』から引用，最後の行のみ作例）

（2）の場合，談話が始まる前に，話し手の共有知識領域には談話指示子 a1 とその属性情報 A が登録されている．話し手は情報 a1 の占有者であるが，一方的に情報を提示せず，聞き手に配慮して談話を展開し，共有知識領域の a1 を言語文脈領域に導入し，それを a2 とする．

対話モードでは，話し手はなるべく一方的な断定のニュアンスや，聞き手を置いてきぼりにしないよう，自分の共有知識領域に格納されている豊かな属性情報 A にアクセスせず，つまり a2 と a1 の間のリンクをたどらず，言語文脈領域の a2 と属性情報 B に言及しているときに「その人」を用いる．

一方，a2 はそのまま聞き手の言語文脈領域に a3 としてコピーされ，その属性情報 C も a2 の B と同じものとなる．聞き手の共有知識領域には a3 とリンクできる談話指示子が登録されていないため，「その人」で a3

と属性情報 C を指すほかない（(3)）.

(3)

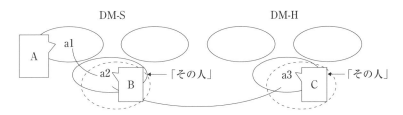

　この時のソは，言語文脈領域において談話指示子の属性情報を更新するために用いられている．(2) では，「その人はいい人でしたけどね」の「その」には，もともと「京都の男性で好きな人」という属性情報が付随しているが，話し手の「その人はいい人でしたけどね」という発話によって，「いい人でした」という新たな属性情報が付加されている．すなわち，聞き手の「その人はいまどこでなにをしているんですか？」という発話の「その人」の属性情報 B は，すでに「京都の男性で話し手の好きな人はいい人でした」というより豊富なものまでアップデートされていると考えられる．

　もう一度整理しておくと，(2) の場合には a1，a2 と a3 は同一の談話指示子であり，a2 とその属性情報 B はそのまま聞き手の言語文脈領域にコピーされ，a3 として登録される．もちろん，a3 の属性情報 C も a2 の B と同じであるが，a1 の属性情報 A は B と C よりはるかに豊富のものであり，B と C はあくまでも A の一部であると考えられる．

　次の (4) においても同様な属性情報のアップデートが行われている．

(4) S：三秒スプレーするだけで，もう理想的な体になれるグッズがある．(中略) それは，自分の肌よりすこしワントーン濃い色を塗って，日焼けしたように見せるスプレーなんですね．(中略)

　　 H：すみません，要は，それは特殊メークとか，いろいろメークではありますけれども，その上に服着たら汚れますよね．(『ホンマでっか⁉ TV』か

ら引用)

具体的には，一番目の「それ」には，本来「三秒スプレーするだけで，もう理想的な体になれるグッズ」の属性情報が付いており，話し手はさらに「自分の肌よりすこしワントーン濃い色を塗って，日焼けしたように見せるスプレー」という新しい属性情報を追加している．それがそのまま聞き手の言語文脈領域にコピーされるため，二番目の「それ」には，「三秒スプレーするだけで，もう理想的な体になれるグッズで，自分の肌よりすこしワントーン濃い色を塗って，日焼けしたように見せるスプレー」というより豊かな属性情報が付随している．

以上をまとめると，対話モードにおけるソも，語りのモードと情報伝達モードで用いられる場合と同じように，属性情報をアップデートするために用いられることがわかる．

1.1.2 話し手のみ用いるコ

一方，対話モードにおいては，少数ではあるが，コが使われるケースがある．そのようなケースを見てみよう．

その典型例として（5）が挙げられる．（5）の場合，話し手は自分だけが知っている情報を伝えている態度で発話しているため，両者の談話に対する関わり方は非対称的である（話し手のほうが優位に立つ）．

（5）(話し手が聞き手に自分だけが知っている新しい情報を伝えようとしている)
　　S：いまの若い人達，ポスト団塊ジュニア世代と言われている人達なんですけど，この人達が消費をしなくなったという．
　　H：それは初耳ですね．(『ホンマでっか!?TV』から引用，Hの発話は作例)

（5）で使われている「ポスト団塊ジュニア世代と言われている人達」が話し手の持ち出した情報であり，「それは初耳ですね」という聞き手の発話から分かるように，聞き手はそれに関する知識を全く持っていない．話し手の共有知識領域には予め a1 という談話指示子とその属性情報 A が

第4章 対話における日中の文脈指示詞　情報の転送原則の違い　　　131

登録されている．話し手の発話によって，それが a2 として言語文脈領域に登録される（6）．

（6）

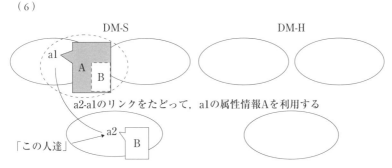

話し手が「この人達」を用いる時に，a2 → a1 のリンクをたどって，自らの共有知識領域にある a1 と A にアクセスしている．したがって，話し手は自分に近い，ないし関わりの強いものと捉え，コを用いて指していると考えられる．

一方，（7）のように，聞き手は自分の言語文脈領域にコピーされた a3 とその属性情報 C「話し手のいうポスト団塊ジュニア世代と言われている人達」しか持っておらず，自分の共有知識領域に a3 に対応する談話指示子を持っていないため，コを用いることはできず，ソしか用いられないのである．

（7）

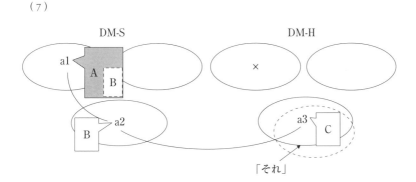

さらに，（8）を見てみよう．

（8）（話し手と聞き手はグルメの話をしている）
　　　S：鹿児島の名物は黒豚です．ビール黒豚しゃぶしゃぶ鍋，これが美味いですわ．これ，言いたかったんです．
　　　H：鹿児島の黒豚の小さいものっていうのはですね，しゃぶしゃぶの時に灰汁が出ないです．これがポイントなんです．
　　　S：それは知らなんだ！（バラエティ番組『ホンマでっか!?TV』から引用）

（8）の場合，談話開始時に話し手が情報の占有者として振る舞い，話し手の言語文脈領域に登録された a2 には「ビール黒豚しゃぶしゃぶ鍋」という言語化された文脈情報 B が付随している（9）．そして，話し手は a2→a1 のリンクをたどって，自分の共有知識情報をいつでも利用できる態度で発話している．a2 はそのまま聞き手の言語文脈領域にコピーされ，a3 として登録される．a2 の属性情報 B と a3 の属性情報 C は同じものである（9）．

（9）

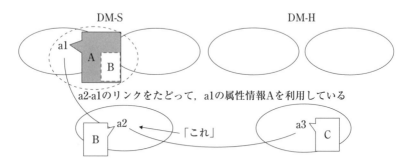

しかし，例（5）と例（8）との違いとして，（8）の場合，聞き手の共有知識領域には「鹿児島名物である黒豚」に関する談話指示子 a4 とその属性情報 D「鹿児島の黒豚の小さいものはしゃぶしゃぶの時に灰汁が出ない」が予め登録されていることである（10）．また，この「鹿児島の黒豚の小さいものはしゃぶしゃぶの時に灰汁が出ない」という属性情報

Dは，a1の属性情報Aに含まれていない．したがって，聞き手はa3-a4のリンクをたどって，a4の属性情報Dにアクセスしながら，a3を「これ」で指すことができるが，それを聞いた話し手は「これ」[1]を用いることができず，「それ」で指すほかないと考えられる．

(10)

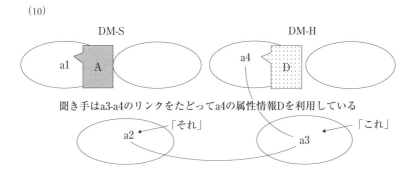

聞き手はa3-a4のリンクをたどってa4の属性情報Dを利用している

1.1.3 話し手と聞き手の両方が用いるコ

これまで，日本語のコ系の文脈指示的用法に関する研究では，8.1.2で言及している文脈指示のコ①，即ち「話し手がコで自分に「近い」と捉える情報を指し示す文脈」だけが研究されてきたが，「話し手も聞き手も文脈指示のコを用いて指し示すことができる文脈」は注目されず研究されてこなかった．そこで，本書は話し手と聞き手のどちらもコを用いて指示対象を指すことができるケースおよびその発動条件を提示したい．

一般に，話し手の発話によって談話に新たに導入された談話指示子を聞き手が指し示すときに，ソしか用いられない (11)[2]．

(11)（話し手が聞き手にあるレストランを勧めている）
 S：先月，祇園にあるカチャトーリというイタリア料理店に行ったんですよ．この／その店は最近美味しいと評判の店でしてね．
 H：へえ，*この／そのお店の味はいかがでしたか．（作例）

この問題は，東郷 (2011) の「言語文脈領域から共有知識領域への転送

原則」[3] によってうまく説明される.「言語文脈領域から共有知識領域への転送原則」とは,「当該の談話セッションが終了し, しかるべき時間[4] が経過した後は, 言語文脈領域から共有知識領域へ談話指示子とその関連情報を転送することができる」という原則である.

例 (11) の場合は下図のように, 話し手の共有知識領域には予め a1 という談話指示子およびその属性情報 A が存在している. 話し手は a1 を a2 として言語文脈領域に登録し, a2 の属性情報 B は A の一部となる. そして, 話し手の発話によって a2 と B はそのまま聞き手の言語文脈領域に a3 と C としてコピーされる. 聞き手の共有知識領域にはそれに対応する談話指示子と関連情報が存在しないため, もちろんそれを利用することもできない. したがって, 聞き手はソを持って a3 とその属性情報 C を指すことしかできない.

(12)

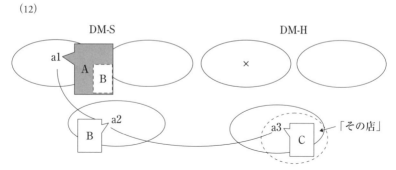

一般に, 談話指示子とその関連情報は聞き手の言語文脈領域から共有知識領域へ転送済みでなければ, 聞き手はそれをコで指示できないはずである. しかし, (13) のように, 話し手の発話によって談話に導入された談話指示子を指し示すときに, 聞き手の共有知識領域にそれに対応するものがないものの, 話し手も聞き手もコを用いて指しているのである.

(13) S：(前略)（父親は）男の子との関係が良好だと，ストレス耐性，我慢強いというのはストレス耐性だって言い換えてもいいと思うんですけれども，ストレス耐性が良くなるというデータが2010年の，あのー，国際学会で発表されています．
　　H：ああ，なるほど．これはどういう理由でですか？
　　S：これはですね．実は話せば長くなるのでやめます．

（『ホンマでっか!?TV』から引用）

　一見すると，(13) は「言語文脈領域から共有知識領域への転送原則」に反しているように見える．しかし，話し手が持ち出した話題を，話し手と聞き手はともにコで指すことができるということは，いつでもできるわけではなく有標的である．ここからは，この種のコの使い方とその発動条件を考えてみよう．

　なお，田窪 (2008) が (13) に類似している言語現象を取り上げている．田窪によれば，「ソ＋名詞」は言語的先行詞を必要とするが，「コ＋名詞」は言語的先行詞を必要とせず，時間的に近い場合には用いられると説明している (14)．

(14)（反政府ゲリラが大使館爆破計画の失敗のあとアジトに戻ってくる．だれも口を開かない．リーダーがまず話し始める）
　　S：この計画／＊その計画を最初に考え出したものが大使館爆破計画の実行責任者になるべきだった．(田窪 2008)

　田窪は言及していないが，(14) の「この計画」は，本研究のいう話し手と聞き手がともに用いることができるコに相当すると考えられる．この場合には，リーダーである話し手はもちろん，その場にいる反政府ゲリラのメンバーならだれでも「この計画」を用いることができるはずである．たとえば，(14) を次の (15) のように書き換えても全く自然なものとなる．

(15)（反政府ゲリラが大使館爆破計画の失敗のあとアジトに戻ってくる．だれも口を開かない．リーダーがまず話し始める）

S：この計画／＊その計画を最初に考え出したものが大使館爆破計画の実行責任者になるべきだった．
H：しかし，まさかこの計画／＊その計画が失敗するとは…（作例）

　一方，田窪のいう「時間的な要因」は条件の一つであるが，それだけではなく，次の三つの条件を満たさないと，このようなコの用法は発動されないと考えられる．

(16) 話し手と聞き手は共に用いるコの発動条件
　　Ⅰ．話し手と聞き手の発話状況領域は同一なものでなければならない．
　　Ⅱ．聞き手は話し手のトピックに深くコミットしなければならない．
　　Ⅲ．トピックは包括的なものでなければならない．

　まず，話し手と聞き手の発話状況領域は同一なものというのは，つまり「時間的な要因（田窪 2008）」以外に，話し手と聞き手は同じ時間・空間を含む「発話の場」を共有しなければならないということである．もし同じ時間・空間においての発話でなければ，(13)(14)においては，聞き手はコではなく，ソしか用いられなくなる．
　次に，聞き手は話し手のトピックに深くコミットしなければならない．たとえば，例文(17)のように，聞き手が話し手の事業計画について疑問を抱いたり，反対的な立場に立ったりしている場合には，「この」が用いられず，「その」のほうが自然となる．

(17)（話し手による事業計画のプレゼンテーションを聞いて，聞き手が質問する）
　　S：（前略）以上は，私の計画です．
　　H：その計画は少し手直しの必要があるのでは…（作例）

　(17)の場合，上述の「話し手と聞き手の発話状況領域は同一のものでなければならない」という条件が満たされているが，聞き手が話し手の事業計画に積極的にコミットしようとせず，対立的な視点を取っていると考えられる．この場合には，聞き手は話し手の計画を自分に関わりの弱いものとして指示し，話し手も聞き手もコを用いて指すことができる文脈が発

動されない．

　3番目の条件は，トピックは包括的なものでなければならないというものである．

　ここでは，包括的なトピックと部分的なトピック[5]という2つの用語について説明しておきたい．

　包括的なトピックとは，談話の構成要素ではなく，談話全体，ないし一部をまとめるような抽象的なトピックである．たとえば，「話」「計画」「研究」などは包括的なトピックと見なすことができる．一方，部分的なトピックとは，「男」「町」「牛」のような談話に登場する具体的な対象を言う．つまり，包括的なトピックに含まれる構成要素を指す[6]．

　典型的な用例を挙げてみると，(18)(19)のように，「研究」「プロジェクト」「ゴミ問題」「このこと」のような包括的なトピックを指す場合，たとえ聞き手の発話によって導入された談話指示子（ないし聞き手にとって「近い」と捉えられる談話指示子）であっても，話し手は時間的・空間的に近く，かつ心理的にコミットしているのであれば，自分に属する心的領域と相手に属する心的領域を区別せず，ソではなく，コを持って指すことができるようになる．

(18)（聞き手の研究内容について話し手が発話する）
　　S：この研究はまだまだ続くんだろうと思うんですが，これが終わると，どういう風に活用されていくんですか．
　　H：そうですね，元々このプロジェクトは，データを作るっていうことではなくてデータそのものを作っておしまいっていうものではなくて．（劉2011から引用）
(19)（話し手と聞き手はゴミの問題について話している）
　　S：このゴミ問題っていうの解決について，何か，あのー青柳さんなりのご意見がおありですか？
　　H：ふふ，はい，あのーはっきり言って私は，あのー詳しくこのことについては存じませんけれども，ええ，なんか，うーん行政の方が，本気なのかなっていつも思います．（劉2011から引用）

しかし，話し手も聞き手も用いるコの用法は有標（marked）[7]であり，あくまでも「一種の現場指示の拡張」と見なすことができるが，典型的な文脈指示ではないということを，ここで主張しておくことにする．

1.2　中国語の場合

これまで，対話モードにおける日本語の文脈指示詞の用法を考察してきた．ここからは，日本語と比較しながら，対話モードにおける中国語「这」「那」の文脈指示的用法を具体的に考察していく．

1.2.1　デフォルトの「这」

語りのモードと情報伝達モードでは，日本語と中国語の文脈指示詞の用法は似たような振る舞いを見せた．一方，対話モードの場合，中国語では話し手も聞き手も「这」を用いて指示対象を指す場合が一番多く見られる．この場合，日本語のコと異なり，話し手の発話によって談話に導入された新しい談話指示子でも，話し手も聞き手も「这」で指すのが一般的である．

たとえば，日本語の用例 (20) の場合，話し手はコもソも用いられるが，聞き手はソを用いなければならない．一方で中国語の用例 (21) の場合，話し手も聞き手も「这」と「那」の両方を用いることができる．

(20)（話し手が聞き手にあるレストランを勧めている）
　　S：先月，祇園にあるカチャトーリというイタリア料理店に行ったんですよ．この／その店は最近美味しいと評判の店でしてね．
　　H：へえ，＊この／そのお店の味はいかがでしたか．（=（11））
(21)（話し手が聞き手にあるレストランを勧めている）
　　S：上个月，我去了祇园附近一家叫 CACCIATORI 的意大利餐厅．这家／那家餐厅最近口碑不错呢！
　　H：是么，这家／那家餐厅的味道如何呢？（(20) の中国語訳）

第4章　対話における日中の文脈指示詞　情報の転送原則の違い　　139

　まず，(20) の文脈指示詞の用法を分析してみよう．図 (22) のように，話し手は a2→a1 のリンクをたどって，自らの共有知識領域にある a1 とその豊かな属性情報 A にアクセスしながら，自分に関わりの強いものとして a2 を指すときに「この店」を用いている．一方，話し手は a2 と a1 のリンクをたどらず，聞き手と対等的な立場から自分に関わりの弱いものとして，言語文脈領域の談話指示子 a2 とその属性情報 B に言及しているときに，「この店」は「その店」に置き換えられても自然である．

　しかし，聞き手は「その店」しか用いられない．談話指示子 a2 と属性情報 B はそのまま聞き手の言語文脈領域に a3 と属性情報 C としてコピーされるが，日本語の「言語文脈領域から共有知識領域への転送原則」にしたがって，しかるべき時間が経過していない限り，聞き手の言語文脈領域にある a3 とその属性情報 C は直ちに共有知識領域にコピーされない．すると聞き手は言語文脈領域にコピーされた談話指示子 a3 とその属性情報 C をソで指すほかない．

(22)

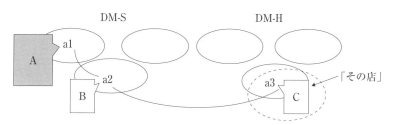

　次に，中国語の例文 (21) を図 (23) で分析してみよう．談話セッションが始まる前から，話し手の共有知識領域にすでに a1 という談話指示子が登録され，話し手の発話によって，a1 と属性情報 A は a2 と属性情報 B (A の一部) として自分の言語文脈領域に登録される．話し手は情報の占有者として振る舞う場合，自分の共有知識情報をいつでも利用できる態度で属性情報 A にアクセスしながら「这家餐厅 (この店)」で a2 を指し示す．これに対して「那家餐厅 (その店)」は，a2→a1 のリンクをたどら

ず，自分の共有知識情報にアクセスしないまま，関わりの弱いものとして平静にa2と属性情報Bを指している．ここまでは，日本語のコとソの使用と全く同じである．

(23)

```
              DM-S                    DM-H
        ┌─a1─○         ○        ○         ○
    ┌─A─┤
    │   └B
        ┌─a2─○                    ○─a3
        └B
```

しかし，日本語の例文 (20) では聞き手はコを用いられないのに対して，中国語の例文 (21) では聞き手は近称の「这」と遠称の「那」のどちらも用いることができる．この問題をどう説明したらよいのか．

これまでの研究では，心理的に近いと捉えた場合「这」，心理的に遠いと捉えた場合「那」を用いるという曖昧な心理距離説が主流となっている．もちろん，この説は間違っていない．しかし，この用法を理論的・モデル的に解釈した研究はまだ見られない．ここでは，中国語における「言語文脈領域から共有知識領域への転送原則」という観点からこの問題を扱う．

日本語における「言語文脈領域から共有知識領域への転送原則」とは，当該の談話セッションが終了し，しかるべき時間が経過した後，言語文脈領域から共有知識領域へ談話指示子とその関連情報を転送することができるという原則である．日本語では話し手も聞き手もこの原則に最大限に従わなければならない．

一方，中国語の「言語文脈領域から共有知識領域への転送原則」は日本語のものと異なり，当該の談話セッションが始まると，話し手の発話によって聞き手の言語文脈領域にコピーされた談話指示子とその属性情報は，直ちにその共有知識領域にも転送される．つまり，中国語では「談話

セッションの終了」および「しかるべき時間」を必要とせず，日本語より転送速度がはるかに速いということが考えられる．

　この中国語の「言語文脈領域から共有知識領域への転送原則」に従えば，図（24）のように，話し手の発話によって聞き手の言語文脈領域にコピーされた談話指示子 $a3$ とその属性情報 C は，聞き手の共有知識領域にも $a4$ と D として転送される．したがって，聞き手もその共有知識領域にアクセスしながら，$a3 \rightarrow a4$ のリンクをたどって言語文脈領域の談話指示子 $a3$ と属性情報 D にアクセスしながら，$a3$ を「这」で指すことができるようになる．また，リンクをたどらず，自分に関わりの弱いものとして，言語文脈領域にある $a3$ と属性情報 C のみ言及しているときに「那」を用いることもできる．

（24）

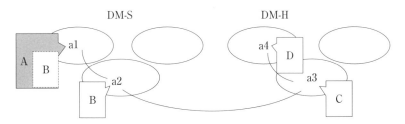

　ここで注意しなければならないのは，聞き手の共有知識領域にある $a4$ と話し手 S の共有知識領域にある $a1$ の属性情報の情報量は同じものではないということである．つまり，$a4$ の属性情報 D はあくまでも $a1$ の属性情報 A の一部であり，$a2$ の B および $a3$ の C によってコピーされたものである．

　このほか，話し手は「这」を用いることができるが，「那」を用いることができない場合がある（（25）（26））．

(25) S：其实薪酬是蛮重要的．最终来讲这／＊那是一个基本点，你没有一个合理的薪酬可以说你是吸引不到人的．
　　　実はお給料は非常に重要で，最終的に言えば，これ／＊それが基本，合

理的な給料がなければ人材を引き付けることはできない．(『対話』から引用)

(26) S：我觉得网上确实有一些不适宜小孩的东西，报纸上也登了受骗的孩子，家长对<u>这个／*那个</u>非常关心．
<u>インターネットには確かに子供に良くないものがあると思います．騙された子供のことは新聞にも載っていて，保護者たちはこれ／*それ</u>に非常に関心を持っています．(『対話』から引用)

(25)では話し手は「重要（重要）」「基本（基本）」，(26)では「非常关心（非常に関心を持つ）」など，自分に関わりの強いものと示す表現を使用している．このため，「这」「这个」のほうが自然であるが，「那」「那个」を用いると自分に関わりの弱いものとして捉えるため，矛盾となってしまって不自然となる．なお，この時の「这」は，正保の言う「情報上の焦点のコ」と同じような用法を果たしていると考えることができる．

1.2.2　文脈指示の「那」

中国語の「言語文脈領域から共有知識領域への転送原則」によれば，話し相手の発話によって聞き手の言語文脈領域にコピーされた談話指示子と関連情報は，直ちにその共有知識領域にも転送される．しかし，(27)のように，聞き手が話し手の発話を強く否定している場合，「这」が用いられず，「那」しか容認されない．

(27) S：您也是两家公司的独立董事，<u>身在其中的感受和您之前站在外面的感觉是不是一样的</u>？
<u>あなたは二つの会社の取締役を別々に務めていらっしゃいますが，その中で感じたことと，これまで会社の外で感じたこととは，同じですか</u>？
H：<u>那／*这</u>不一样，很不一样．
<u>それ／*これ</u>は違います，ずいぶん違います．(『対話』から引用)

これは，中国語では聞き手の発話を強く否定している場合，あえて自分の共有知識領域に転送された談話指示子とその関連情報にアクセスせず，

それを利用しようとしないことを意味する（図（28）を参照されたい）．

(28)

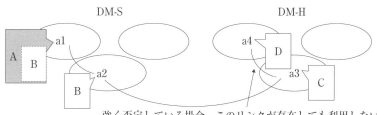

強く否定している場合，このリンクが存在しても利用しない

言い換えれば，話し手と聞き手の両方が用いる日本語のコの発動条件と同様に，中国語の場合も条件①「話し手と聞き手の発話状況領域は同一なものでなければならない」のほか，条件②「聞き手は話し手のトピックに深くコミットしなければならない」が必要となる．強く否定している場合は，もちろん自分に関わりの弱いものとして捉えているため，「这」を用いると不自然となる．

なお，(29)のように，中国語では条件③「トピックは包括的なものでなければならない」が必要ではない．たとえ部分的なトピックの「餐厅（レストラン）」であっても，話し手も聞き手も近称を用いることができる．

(29)（話し手が聞き手にあるレストランを勧めている）
　　S：上个月，我去了祇园附近一家叫CACCIATORI的意大利餐厅．这家／那家餐厅最近口碑不错呢．
　　　先月，祇園にあるカチャトーリというイタリア料理店に行ったんですよ．この／その店は最近美味しいと評判の店でしてね．
　　H：是么，这家／那家餐厅的味道如何呢？
　　　へえ，この／そのお店の味はいかがでしたか．（=(21)）

以上をまとめると，中国語の「言語文脈領域から共有知識領域への転送原則」によって，話し手の発話によって聞き手は自分の言語文脈領域に新たに導入された談話指示子を指し示すときにも「这」を用いることができる．しかし，それは以下の2つの条件に満たした場合と考えられる．例

(27) が示したように,条件 II が満たされない場合(話し相手の発話を強く否定するなど),やはり遠称の「那」しか用いられない.

(30) 話し手と聞き手は共に用いる「这」の発動条件
 I. 話し手と聞き手の発話状況領域は同一なものでなければならない.
 II. 聞き手は話し手のトピックに深くコミットしなければならない.

　以上の考察から,中国語では話し手が自分にとっての心理的な距離によって文脈指示の「这」「那」を使い分ける傾向は,現場指示的用法とよく似ているということが分かる.本研究の序章で言及しているように,中国語の現場指示の場合,たとえ聞き手の身につけているものであっても,話し手にも近ければ,話し手は「这」を持ってそれを指すことができる.言い換えれば,話し手は聞き手の縄張りをあまり意識せず,自分からの距離をもとに指示詞を使い分けている.このことは,文脈指示詞の用法にも反映されている.

2 ― 先行研究における問題点の再検討

　ここからは,中国語の「言語文脈領域から共有知識領域への転送原則」の立場から,序章で述べた丁(2003)と杨(2010)における問題点を再検討してみたい.

　まず,丁(2003)によると,中国語の肯定文では「这」,否定文では「那」が用いられやすく,肯定か否定か不明瞭な文では「这」と「那」の両方が用いられるとされる(31).

(31) A. 这样很好.
　　　これはいいね.
　　B. 这样(那样)……不太好说.
　　　これは(それは)わからないね.
　　C. 那样不好.
　　　それはよくないね.(丁 2003: 33)

第 4 章　対話における日中の文脈指示詞　情報の転送原則の違い　　　145

　本章の 1.2.2 節で説明しているように，中国語では話し手と聞き手の両方が用いるコの発動条件②「聞き手は話し手のトピックに深くコミットしなければならない」が満たされない場合に「这」は用いにくい．したがって，(31) の C の場合，話し手が聞き手の発話に対してはっきり否定しているため，自分に関わりの強いものとして捉えにくいため，「这」が不自然となると考えられる．次の (32) も同様に解釈できる．

(32)　S：你算了吧！你爸呀，纯属老糊涂了！
　　　　　いいから！お前の親父は全くの老人呆けだよ．
　　　H：＊这/那是他们别人，咱爸可是越老越明白！
　　　　　＊これ/それはほかの人だ，俺の親父は年を取れば取るほど賢くなるぞ！
　　　　　　　　　　　　　　　　　　　　　　　　　　　（『我爱我家』テレビドラマ）

　次に，杨の「現実と非現実の対立」の例文を再検討してみよう．

(33)　如果特区的理论工作把这一项工作做好了，那就是特区社科研究对中国社会主义现代化建设的一大贡献．
　　　特別開発区の理論的な仕事において，この仕事をうまく遂行できれば，それは特別開発区の社会科学研究が中国社会主義現代化建設に対する大きな貢献とうなる．(杨 2010)

　杨 (2010) によれば，非現実的な出来事，たとえば「如果特区的理论工作把这一项工作做好了 (特別開発区の理論的な仕事において，この仕事をうまく遂行できれば)」のような条件節を指すときには「那」しか用いられない．(33) の場合，確かに「那」しか用いられない．この杨の説明は，吉本 (1992) の「実質性 (substantiality)」という説によく似ている．吉本によると，未来に起こると考えられる事象，または条件節中の仮定された事物はコで指すことができない．その例文は次の (34) である．

(34)　田舎にいても専門医にデータを送って診てもらうことも可能というから，早くそう／＊こうなってほしいものだ．(吉本 1992)

　では，なぜ (33) において「那」，(34) においてソしか用いられないの

か.

　実は,(33)「如果特区的理論工作把这一项工作做好了(特別開発区の理論的な仕事において,この仕事をうまく遂行できれば)」と(34)の「田舎にいても専門医にデータを送って診てもらうことも可能」というような条件節は現実の世界に存在せず,単に作り上げられた言葉の世界に存在するものである.つまり,(33)と(34)の談話指示子a1とその属性情報Aは話し手の言語文脈領域に存在しているが,その共有知識領域には存在しない(図(35)).当然のことであるが,話し手はその共有知識領域を利用できず,言語文脈領域にしか存在していないa1と属性情報Aの両方を「那」で指すほかない.そして,a1はそのまま聞き手の言語文脈領域にa2としてコピーされ,書き込まれた属性情報BもAと同じものとなるため,やはり聞き手も「那」しか用いられないと考えられる.

(35)
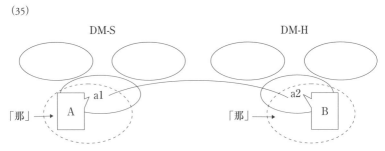

　次に,(36)を分析してみよう.杨の説明によれば,現実的な出来事である(「这些地方电站都不同程度地与国家大电网产生着矛盾和摩擦(程度は異なるが,これら地方の発電所と国の電力ネットワークとの間で,矛盾と摩擦が生じている)」)を指す場合には「这」しか用いられないとされる.

(36) 这些地方电站都不同程度地与国家大电网产生着矛盾和摩擦,这是不可回避的事实.
　　　程度は異なるが,これらの地方の発電所と国の電力ネットワークとの間で,矛盾と摩擦が生じている.これは避けられない事実だ.(杨 2010)

第4章　対話における日中の文脈指示詞　情報の転送原則の違い　　　　　　　147

しかし，この説明には問題がある．(36)では「这」はもちろん使用できるが，「那」も問題なく用いられる（(37)）．

(37) 这些地方电站都不同程度地与国家大电网产生着矛盾和摩擦．那是不可回避的事实．
程度は異なるが，これらの地方の発電所と国の電力ネットワークとの間で，矛盾と摩擦が生じている．それは避けられない事実だ．(杨 2010)

なぜなら，この場合には話し手は自分の共有知識領域にある談話指示子a1のより豊かな属性情報Aをいつでも利用できる態度でa2→a1のリンクをたどって，自分に関わりの強いものとして談話指示子a2を「这（これ）」で指示することができる．a2→a1のリンクは存在しているが，もちろん話し手はそれをたどらず，文脈上で現れたa2とその属性情報Bを関わりの弱いものとして平静に指示することもできるため，「那（それ）」も用いられると考えられる（図（38））．

(38)

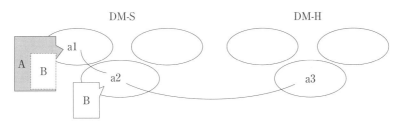

＊

本章の考察から，対話モードにおいて，日本語と中国語の文脈指示詞の使用原理の違いは，実は両言語における「言語文脈領域から共有知識領域への転送原則」の違いによるものであることが判明した．

日本語では，話し手の発話によって聞き手の言語文脈領域にコピーされた談話指示子とその属性情報は，談話セッションが終わってしかるべき時

間が経過した後，共有知識領域へ転送されることになる．ただし，しかるべき時間が経過していなければ，聞き手の共有知識領域に談話指示子とその属性情報が存在しておらず，もちろんそれにアクセスすることもできない．したがって，聞き手は自分の言語文脈領域にコピーされた談話指示子とその属性情報をデフォルトのソで指すほかない．

その一方，中国語では時間とは関係なく，聞き手の言語文脈領域に新たに登録された談話指示子とその属性情報は，直ちにその共有知識領域にも転送される．したがって，聞き手はいつでもそれにアクセスすることができるため，「这」を用いることができる．また，それにアクセスせず，自分の言語文脈領域に登録された談話指示子とその属性情報のみ言及している場合，「那」を用いることもできる．

やはり，語りのモードと情報伝達モードなど聞き手のいない談話モードでは，談話内部の構造が文脈指示詞の選択に深く影響を及ぼしているが，話し手と聞き手の相互行為が最もよく現れる対話モードにおいては，談話の外部からの語用論的な要素を配慮しなければならない．このことは文脈指示詞の使い分けにも反映されている．

注

1） なお，「これが美味いですわ」と「これがポイントなんです」は，正保（1981）の言う「情報上の焦点のコ」に相当すると考えられる．正保によれば，情報上の焦点が前提で述べられる条件を満足する唯一のひとやものであるという意味を有する場合には，コが用いられるのが普通である．本研究は正保の「情報上の焦点のコ」の妥当性を認めるが，「これが美味いですわ」と「これがポイントなんです」のような発話は，話し手が自分の直接知識（「美味しい」「ポイント」）を利用し，主観的な感情を込めた指示表現であると考えられる．すでに述べているように，話し手が自分の共有知識領域にある直接知識にアクセスしながら指示するとき，コしか用いられないため，この談話理解のメカニズムによって，正保の「情報上の焦点のコ」もうまく説明されると思われる．
2） 例文（21）は東郷雄二教授によるものである．
3） 「言語文脈領域から共有知識領域への転送原則」は 23 年度大学院「言語機能論 I」によるものである．
4） この「しかるべき時間」の長さについては様々な見方がある．この問題を扱った研究として，定延（2013）がある．定延は，「染み込み速度（speed of ingraining）」という概念を取り上げ，これは，新しく獲得された情報が既有の知識と結びつき完全に理解されること（これを「染み込み」と呼ぶ）の速度を指す．

5）「包括的なトピック」と「部分的なトピック」は，すでに劉（2011）と劉（2012a）において扱われている．
6）具体例として，次のようなものがある．（1）の「結婚」と「話」が包括的なトピックに相当するが，「社長」「偽装結婚の相手」が部分的なトピックとなる．
    （1）（男性社長と女性社員との会話）
        S：結婚してほしい．
        H：憧れの社長と結婚なんて夢みたい．
        S：偽装結婚の相手が必要なんだ．
        H：この話はなかったことにしてください．
        S：それでは，この話は内緒にしてね．（au 携帯広告文から引用，最後の行が作例）
7）言語学では，より一般的に出現する方を無標（unmarked），特殊な方を有標（marked）という．

コラム

三人称代名詞に関する問題の解決に向けて

　文脈指示詞の問題だけではなく，日本語と中国語の三人称代名詞「彼」と「他」の用法も，「言語文脈領域から共有知識領域への転送原則」でうまく説明できると考えられる．

　田窪・金水（1996）では，「他」と「彼」の区別について次のように指摘している．日本語と中国語においては，話し手のみならず，聞き手が指示対象を同定できない場合には，「彼」と「他」が用いられないとされる．

　しかし，次の（1）（2）においても聞き手が指示対象を同定できないが，日本語の例（1）では相変わらず「彼」が使えないのに対して，中国語の例（2）では「他」が用いられる．田窪・金水の説では，（2）はうまく説明できない．

（1）　S：昨日高校の時の担任，王建国先生に会ったよ．
　　　H：＊彼／王先生は何を教えていますか？
　　　H：＊彼／王先生は国語を教えています．（作例）
（2）　S：昨天遇到我的高中時候的班主任，王建国老師了．
　　　H：他／?王老師是教什么的？
　　　H：他／?王老師是教語文的．（作例）

　この問題については，本研究は次のように考える．

　日本語の場合には，一般に談話セッションが終了しなければ，話し手の発話によって聞き手の言語文脈領域に登録された新しい談話指示子とその関連情報は，聞き手の共有知識領域へと転送されない．したがって，図（3）のように，聞き手は言語文脈領域に登録されたa3を「彼」で指すことができない．一方，話し手は自分の共有知識領域にあるa1（国語の王先生）に対応するものが聞き手の共有知識領域に存在しないと判断しているため，やはり「彼」を用

いることができず，言語文脈領域に登録された文脈情報の「王先生」しか用いられないのである．

（3）

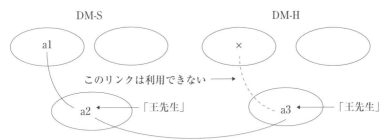

一方，中国語の「言語文脈領域から共有知識領域への転送原則」によると，当該の談話セッションが始まると，図（4）のように，話し手の発話によって聞き手の言語文脈領域にコピーされた談話指示子a3とその関連情報は，直ちにその共有知識領域に転送されることになる．聞き手は共有知識領域に登録されたa4とその情報にアクセスしながら，a3を「他」で指すことができると考えられる．

（4）

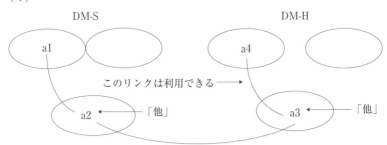

このほか，田窪・金水の説明によれば，日本語では，対話において話し手が対象を同定すると同時に，聞き手もその対象を同定していると想定していなければ，「彼」は使えない．これに対して中国語では話し手がよく知っていれば，聞き手の知識状態を考慮に入れる必要がないため，「他」が用いられるとされる．

この田窪・金水の説に対して，本研究は，日本語のほうを支持しながらも，

中国語の「他」についての説明を支持しない．中国語では「他」が用いられる理由は，話し手が聞き手とその知識領域を考慮に入れていないのではなく，これは日本語と中国語の「言語文脈領域から共有知識領域への転送原則」の違いによるものであると主張したい．

終　章
まとめと展望

　本書は談話モデルを理論的な枠組みとして，日本語と中国語の文脈指示詞の「コ・ソ」，「这・那」に関する問題の解決に向けて，「語りのモード」「情報伝達モード」および「対話モード」の観点から考察を行った．

　その結果，語りのモードと情報伝達モードにおいては，両言語の文脈指示的用法はよく似ていることが判明した．具体的には，ソと「那」は話し手が自分のみ保有している属性情報を利用せず，聞き手との共通の言語文脈領域に登録済みの談話指示子に新たな属性情報をアップデートするために用いられる．コと「这」は，話し手が情報の占有者として談話を構成している場合，自らの共有知識領域に予め格納されたより豊かな属性情報を利用しながら，言語文脈領域に登録された談話指示子を指すときに使われる．なお，コと「这」は談話モデルの埋め込みが行われた場合にも用いられる．

　一方，日本語と中国語の「言語文脈領域から共有知識領域への転送原則」の違いによって，目の前に聞き手がいる対話モードにおいては，両言語の文脈指示的用法も異なる振る舞いを示している．日本語の場合には，話し手の発話によって聞き手の言語文脈領域にコピーされた談話指示子とその属性情報は，談話セッションが終わってしかるべき時間が経過した後，共有知識領域へ転送されることになる．ただし，しかるべき時間が経過していなければ，聞き手の共有知識領域に談話指示子とその属性情報が転送されず，もちろんそれにアクセスすることもできない．したがって，聞き手は自分の言語文脈領域にコピーされた談話指示子とその属性情報をデフォルトのソで指すほかない．その一方，中国語では，聞き手の言語文

脈領域に新たに登録された談話指示子とその属性情報は，直ちにその共有知識領域にも転送される．よって，聞き手はいつでもそれを利用できるため，「这」を用いることができる．つまり，中国語では「談話セッションの終了」および「しかるべき時間」を必要とせず，日本語より転送速度がはるかに速いということが判明した．

以上の研究結果から，文脈指示的用法においても，現場指示的用法の距離区分説のように，話し手は自分だけがアクセスできる情報を「近い」と見なし，コと「这」で指示するが，自分だけではなく，聞き手も対等な立場からアクセスことができる情報を「近くも遠くもない」と見なし，ソと「那」で指すことが分かった．つまり，「コ・ソ」「这・那」の現場指示的用法と文脈指示的用法は，無関係のものではなく，その間には緩やかで統一的なつながりがあることが確認された．

ただし，日本語では，現場指示の場合，人称区分説と距離区分説の両方がともに機能するが，文脈指示の場合はそうではない．対話モードではもちろん聞き手がいるが，語りのモードと情報伝達モードでは顕在的な聞き手が存在せず，二人称領域は規定しにくいため，人称区分説と折り合わないことがある．したがって，文脈指示詞の使い分けは，基本的に距離区分説に基づいていると思われる．一方，中国語では，現場指示の場合も文脈指示の場合も，話し手は聞き手の領域をあまり意識していない．よって，「这」と「那」は人称区分説ではなく，距離区分説によって使い分けられると考えられる．

また，指示詞の研究に対する本書の貢献として，まず，「文レベル」「テキスト・レベル」において行われてきた日本語と中国語の先行研究に対して，本研究は「談話」というより広い観点からアプローチしたものとして深い意義を持つ．また，これまで日本語と中国語の指示詞の研究では，文脈指示を本格的に扱ったものはまれである．本研究は談話モデルにおける話し手と聞き手の談話操作の観点から考察を行い，日中の文脈指示詞の選択原理について理論的・モデル的な記述を与えることができた．さらに，文脈指示詞の用法は談話ジャンルに依存するということは，これまでの研

終　章　まとめと展望

究で一度も触れられたことのない本研究の発見である．そのような談話ジャンルを 3 つの談話モードに分類し，それぞれの談話モードによって話し手と聞き手の談話展開のストラテジーも多様な振る舞いをしていることが判明した．これからは，文脈指示の研究のみならず，談話モードという概念はより広い意味での文法研究ないしは言語研究全体に貢献する可能性を持つ重要な提言であると考えられる．

　さらに，対照言語学の面からは，以下の 3 点の結論が得られる．

　まず，対照言語学という分野の先行研究では，文学作品を中心に採集された対訳コーパスの用例に基づいて考察を行われるものが多い．しかし，その場合には翻訳者の意図（ないし誤訳）の介入が研究結果に影響を与えることになる．これに対して本研究は日中の実際の会話，ニュース，物語などから別々にデータを集めることによって，翻訳者の意図の介入を避けることができた．また，従来の対照言語学の研究では，単文作例を中心に，文文法における記述的な研究が多いものの，談話というより広い観点から実例観察をもとにした理論的な対照研究が少ない．今後の対照言語学における理論的な研究の発展にとって，本研究は貴重な草分けの一つとして位置づけられるであろう．さらに，本研究では談話モデルにおける日本語と中国語の「言語文脈領域から共有知識領域への転送原則」の違いは文脈指示詞のみならず，人称代名詞の場合にも活用できることが判明した．つまり，この原則は汎用的なものであり，今後は日中対照研究の垣根を越えて広く対照言語学一般に対して有益な知見を提供することが期待できる．

　本書では，現場指示と文脈指示は全く別のものではなく，両者の間に緩やかなつながりがあるということが明らかになった．しかし，現場指示と文脈指示および観念指示を統一的に説明できる原理までは，本研究はまだ到達していないと言わざるを得ない．また，中国語の指示詞の研究において残された課題として，「那」の文脈指示と観念指示の混同という問題を，本研究は日本語との対訳で判断しているが，その文脈指示と観念指示の未分化について，その間の境界線をどのように引くと良いのかということ

は，未だに不明である．このような未解決の問題を，今後の課題としてここで記しておきたい．

謝　辞

　本研究を遂行し博士論文をまとめるにあたり，指導教員の京都大学大学院人間・環境学研究科東郷雄二教授には，修士課程入学当初から5年間という長きにわたり終始暖かい激励とご指導，ご鞭撻を賜りました．言語研究の進め方や考え方など，研究の基礎から懇切丁寧にご教授して頂きました．東郷先生は，いつも私自身の関心を尊重して下さり，そのおかげで私は従来の研究方法や枠組みにとらわれず，自由で楽しい研究ができました．ここに記して心より深く感謝の意を申し上げます．

　また，同研究科の服部文昭教授，谷口一美准教授には博士論文の副査として数多くの貴重なご教示を頂いたことで，今後の研究の発展にとって極めて重要な示唆を得ることができました．心より深く御礼申し上げます．

　本書に向けた研究に従事する上では，指導教員（主査）の東郷先生，副査の服部先生，谷口先生以外，学内外の諸先生にも大変お世話になっております．大学院時代の副指導教員である京都大学大学院人間・環境学研究科山梨正明名誉教授および藤田耕司教授，同研究科の河崎　靖教授，斎藤治之教授，道坂昭廣教授，赤松紀彦教授，文学研究科の平田昌司教授，木津祐子教授，学術情報メディアセンターの壇辻正剛教授，坪田　康助教，奈良教育大学の吉村公宏教授，渡邉一保教授，神奈川大学の彭　国躍教授，同志社大学の沈　力教授，李　長波准教授，神戸大学の定延利之教授，朱　春躍教授，関西学院大学の于　康教授，南山大学の鎌田　修教授，京都外国語大学の彭　飛教授，麗澤大学の井上　優教授，東京大学の楊　凱栄教授，大阪大学の金水　敏教授，一橋大学の庵　功雄教授，岡山大学の堤　良一准教授，大阪府立大学の張　麟声教授，大東文化大学の高

橋弥守彦教授，東京外国語大学の加藤晴子教授，東洋大学の王　亜新教授，王　学群教授，関西外国語大学の余　維教授，北京大学の彭　広陸教授，中国人民大学の張　威教授，澳門大学の陳　訪澤教授をはじめ，多くの先生方には日頃より研究および教育における多大なご協力と貴重なご助言を頂きましたことに心より感謝を申し上げます．

そして，東郷研究室メンバーの皆様を始め，同年代の研究仲間に感謝を申し上げます．中でも特に研究を進める上で有益なご助言とご意見を頂き，研究生活の悩みについて話を聞いて頂きました中川奈津子さん，杉山さやかさん，津田洋子さん，中田智也さん，岩田真紀さん，出口優木さん，小田　涼さん，澤田　淳さん，小川典子さん，中俣尚己さん，遠藤智子さん，齋藤隼人さん，臼田泰如さん，八木堅二さん，劉　志偉さん，楊昆鵬さん，楊　彩虹さん，韓　涛さんに御礼申し上げます．

本書に向けた研究の一部は，平成 23-25 年度科学研究費補助金（特別研究員奨励費）研究課題番号 11J00353「談話における日本語と中国語の指示詞の研究」の助成を受けて行われました．ここ数年において，留学生の私に対する日本学術振興会からの多大なご支援なくしては，本研究の実施は不可能であったことを記すとともに，深甚の謝意を表します．また，本書の出版は，平成 26 年度京都大学人文・社会系若手研究者出版助成（総長裁量経費）を受け，実現されました．さらに，京都大学学術出版会は本書の出版元になってくださり，出版の過程において鈴木哲也編集長，國方栄二氏，高垣重和氏を始め，出版社の皆様からの惜しみない御協力に心より御礼申し上げます．

最後に，これまで 10 年間にも及ぶ留学生活を全力で支えてくれた父・劉勝健，母・崔秀芝に，親不孝の一人息子ですが，心から深くお詫びとお礼を申し上げます．また，私の留学を支持するため，ためらうことなく高校教員の仕事を辞めて来日し，長い間苦楽を共にし，毎日明るく励まし続けてくれた妻・董玉婷，そして今年 2 歳になり，いつも天使のように笑ってくれている長女の婉凝に本書を捧げます．

参考文献

庵　功雄（2002）「『この』と『その』の文脈指示的用法再考」『一橋大学留学生センター紀要』5, pp. 5-16
庵　功雄（2007）『日本語におけるテキストの結束性の研究』くろしお出版
庵　功雄（2008）「現代日本語における限定詞の機能－「この」と「その」の使い分けの原理」『日本語文法学会第9回大会発表予稿集』pp. 129-135
大国隆正（1836）『ことばのまさみち』（国書刊行会2001年再版）
大槻文彦（1889）『言海』（冨山房1984年『新編大言海』として再版）
小川典子（2008）「日本語指示詞の認知的研究－ソ系指示詞における「聞き手」の位置づけ再考」『言語科学論集』14, pp. 57-88
加藤重広（2004）『日本語語用論のしくみ』研究社
神尾昭雄（1990）『情報のなわ張り理論: 言語の機能的分析』大修館
神尾昭雄（2002）『続・情報のなわ張り理論』大修館
上山あゆみ（2000）「日本語から見える「文法」の姿」『日本語学』4月臨時増刊号19, pp. 169-181, 明治書院
金　善美（2006）『韓国語と日本語の直示用法と非直示用法』風間書房
木村英樹（1992）「中国語指示詞の遠近対立について」『日本語と中国語の対照研究論文集（上）』pp. 181-211, くろしお出版
金水　敏・田窪行則（1990）「談話管理理論からみた日本語の指示詞」『認知科学の発展』3（日本認知科学会）, pp. 85-115, 講談社
金水　敏・田窪行則（1992）「日本語指示詞研究史から／へ」『日本語研究資料集指示詞』pp. 151-192, ひつじ書房
金水　敏（2011）「物語構成のための階層的時間把握－芥川龍之介「羅生門」を例に」『フランス語学研究』45, pp. 120-124, 日本フランス語学会
久慈洋子・斎藤こづえ（1982）「子供は世界をいかに構造化するのか」『言語の社会性と習得』秋山高二他編, pp. 221-243, 文化評論出版
工藤真由美（1995）『アスペクト・テンス体系とテクスト－現代日本語の時間の表現』ひつじ書房
久野　暲（1973）「コ・ソ・ア」『日本文法研究』, pp. 185-190, 大修館
黒田成幸（1979）「(コ)・ソ・アについて」『英語と日本語と－林栄一教授還暦記念論集』, pp. 41-59, くろしお出版
高　芃（2004）「現代中国語"这""那"の指示内容に関する考察－心理的な遠近概念との関与」『多元文化』第4号, pp. 1-13, 名古屋大学大学院国際言語文化研究科
高　芃（2007）「中国語における指示詞と視点移動－文脈指示を中心に」『多元文化』第7号, pp. 119-134, 名古屋大学大学院国際言語文化研究科
胡　俊（2006）「日本語と中国語の指示詞についての対照研究－文脈指示の場合」,『地域政策科学研究』3, pp. 127-138, 鹿児島大学大学院人文社会科学研

究科

後藤　斉（2003）「言語理論と言語資料―コーパスとユーパス以外のデータ」『日本語学』第22巻，pp. 6-15，明治書院

斎藤こずえ・武井 澄江・荻野 美佐子・辰野 俊子（1981）「2・3歳児における指示代名詞の理解」『日本教育心理学会総会発表論文集』第23号，pp. 258-259

阪倉篤義（1963）「文章の機能と目的」『講座現代語第5巻－文章と文体』，pp. 1-18，明治書院

阪田雪子（1971）「指示語『コ・ソ・ア』の機能について」『東京外国語大学論集』21，pp. 125-138，東京外国語大学

佐久間鼎（1936）『現代日本語の表現と語法』厚生閣

定延利之（2013）「推論利用可能性と染み込み速度に関する知識と体験の異なり」『信学技報』Vol. 113, No. 354, pp. 35-40，電子情報通信学会

正保　勇（1981）「『コソア』の体系」『日本語の指示詞』pp. 51-122，国立国語研究所

杉山さやか・劉　矗（2013a）「日本語と中国語の指示詞の対照研究―『コンナ』類と『コウイウ』類，"这种"類と"这样的"類を例に」『日中言語対照研究論集』第15号，pp. 106-121，白帝社

杉山さやか・劉　矗（2013b）「指示詞に関する日中対照研究―『その』と『那（个）』による連動読みについて」『KLS』第33号，pp. 97-108，関西言語学会

高橋太郎（1956）「『場面』と『場』」『国語国文』25-9，pp. 53-61

田窪行則・金水　敏（1996）「複数の心的領域による談話管理」『認知科学』3-3，pp. 59-74

田窪行則（2008）「日本語指示詞の意味論と統語論」『言語の研究―ユーラシア諸言語からの視座―語学教育フォーラム』第16号，pp. 311-337，大東文化大学語学教育研究所

堤　良一（2002）「文脈指示における指示詞の使い分けについて」『言語研究』第122号，45-78

堤　良一（2012）『現代日本語指示詞の総合的研究』ココ出版

東郷雄二（1999）「談話モデルと指示―談話における指示対象の確立と同定をめぐって」『京都大学総合人間学部紀要』第6巻，pp. 35-46

東郷雄二（2000）「談話モデルと日本語の指示詞コ・ソ・ア」『京都大学総合人間学部紀要』第7巻，pp. 27-46

東郷雄二（2005）『ふらんす』連載「フランス語の隠れたしくみ」第10回「定冠詞は何を表しているか」1月号

東郷雄二（2008）「フランス語の存在文と探索領域―意味解釈の文脈依存性と談話モデル」『会話フランス語コーパスによる談話構築・理解に関する意味論的研究』（基盤研究C研究　代表者東郷雄二），2006-2008

外山美佐（1994）「日，中両語における指示詞の比較について」『筑波大学留学生教育センター日本語教育論集』第9巻，pp. 1-18

長田久男（1984）「持ち込み詞の連文的職能」『国語連文論』pp. 23-70，和泉書院

日本語記述文法研究会（2009）『現代日本語文法7－談話・待遇表現』くろしお出版

橋内　武（1999）『ディスコース－談話の織りなす世界』くろしお出版

浜田　秀（2001a）「物語の四層構造」『認知科学』8-4，pp. 319-326

浜田　秀（2001b）「物語開始部の諸相」『文学と認知・コンピュータ』『第11回定例研究会要旨集（G-3）』，pp. 1-7

林　宅男（編）（2008）『談話分析のアプローチ－理論と実践』研究社

春木仁孝（1991）「指示対象の性格から見た日本語の指示詞－アノを中心に」『言語文化研究』17，pp. 93-113，大阪大学言語文化部

平澤洋一（1992）「文章の目的と種類」『日本語学』11-4，pp. 44-55，明治書院

深山晶子（2000）『ESPの理論と実践－これで日本の英語教育が変わる』三修社

富士谷成章（1767）『かざし抄』大岡山書店（1934年再版）

フォコニエ,G.（著），坂原　茂・水光雅則・田窪行則・三藤　博（訳）（1996）『メンタル・スペース－自然言語理解の認知インターフェイス』白水社

古田東朔（1980）「コソアド研究の流れ（一）」『人文科学科紀要』71, pp. 119-156，東京大学教養学部人文科学科

堀口和吉（1978）「指示語の表現性」『日本語・日本文化』8，pp. 23-44，大阪外国語大学

三上　章（1970）「コソアド抄」『文法小論集』くろしお出版

望月八十善（1974）『中国語と日本語』光生館

ヤコブソン,R.（著），池上嘉彦・山中桂一（訳）（1984）『言語とメタ言語』勁草書房

安井　稔（編）（1996）『コンサイス英文法辞典』三省堂

吉本　啓（1992）「日本語の指示詞コソアの体系」金水敏・田窪行則（編）『指示詞』pp. 105-122，ひつじ書房

李　長波（1994）「指示詞の機能と『コ・ソ・ア』の選択関係について」『国語国文』63-5，pp. 37-54

李　長波（2002）『日本語指示体系の歴史』京都大学学術出版会

劉　笑明・劉　驫（編）（2013）『言語学－理論と応用』南開大学出版社

劉　笑明・劉　驫（編）（2014）『日本語学と日本語教育－研究と実践』南開大学出版社

劉　驫（2010a）「談話における近称『这』の遠称用法－日本語指示詞との対照を兼ねて」『中日言語対照研究論叢』第1号，pp. 134-145，北京大学出版社

劉　驫（2010b）「『那』の文脈指示と観念指示－談話モデル理論による分析」（『日本語用論学会大会発表論文集』第4号，pp. 313-316，日本語用論学会

劉　驫（2011）「日本語の文脈指示詞『この』の対立型と融合型」『KLS』第31号，pp. 72-83，関西言語学会

劉　驫（2012a）「物語における日本語と中国語の文脈指示詞の対照研究－談話構造の観点から」『日中言語対照研究論集』第14号，pp. 78-92，白帝社

劉　驫（2012b）「中国語の近称指示詞『这』の歴史的な変化について」『KLS』第32号，pp. 301-310，関西言語学会

劉　　贇（2012c）「文学書籍における日本語の文脈指示詞について－談話構造の観点から」『中日言語対照研究論叢』第 3 号, pp. 107-122, 北京大学出版社

劉　　贇（2012d）「中国語の物語における文脈指示詞『这』と『那』について－談話内部の四層構造の観点から」『日本語用論学会大会発表論文集』第 7 号, pp. 129-136, 日本語用論学会

劉　　贇（2012e）「日本語と中国語の文脈指示詞の対立型と融合型－談話モデルによる分析をもとに」『人間・環境学』第 21 号, pp. 111-120, 京都大学大学院人間・環境学研究科

劉　　贇（2013a）「談話モデルにおける情報の転送原則に関する考察－日本語と中国語の場合－」『Ars Linguistica』第 20 号, pp. 90-109, 日本中部言語学会

劉　　贇（2013b）「中国語の指示詞による総称表現について－英語との比較を兼ねて」『日本語用論学会大会発表論文集』第 8 巻, pp. 177-184, 日本語用論学会

Aston, W. G.（1888）*A Grammar of the Japanese Spoken Language.* Lane, Crawford & Company.

Ariel, M.（1990）*Accessing Noun-Phrase Antecedents.* Routledge.

Ariel, M.（1996）The Function of Accessibility in a Theory of Grammar. *Journal of Pragmatics* 16, pp. 443-464. Elsevier.

Brown, G. and G. Yule（1983）*Discourse Analysis.* Cambridge University Press.

Clark, H. H. & C. R. Marshall（1981）Definite Reference and Mutual Knowledge. A. Joshi, B. L. Webber, and I. Sag（eds.）, *Elements of Discourse Understanding.* pp. 10-63. Cambridge University Press.

Cornish, F.（1999）*Anaphora, Discourse, and Understanding.* Oxford University Press.

Cornish, F.（2006）Discourse Anaphora. In Keith Brown（ed.）, *Encyclopedia of Language and Linguistics*, pp. 631-638. Elsevier.

R. de Beaugrande, W. Dressler（1981）*An Introduction to Text Linguistics.* Longman.

Diessel, H.（1999）*Demonstratives: Form, Function, and Grammaticalization.* John Benjamins.

Diessel, H.（2003）The Relationship between Demonstratives and Interrogatives. *Studies in Language,* 27, pp.635-655. John Benjamins.

Diessel, H.（2006）Demonstratives. In Keith Brown（ed.）, *Encyclopedia of Language and Linguistics*, pp. 430-435. Elsevier.

Du Bois, J.W.（2003）Discourse and Grammar. In M. Tomasello (ed.), *The New Psychology of Language: Cognitive and Functional Approaches to Language Structure,* 2, pp. 47-87. Lawrence Erlbaum Associates.

Dudley-Evans & St. John（1998）*Developments in ESP: A Multi-disciplinary Approach.* Cambridge University Press.

Fauconnier, G.（1985）*Mental Spaces.* MIT Press.

Fillmore, C. J.（1968）The Case for Case. In Bach and Harms (ed.), *Universals in Linguistic Theory*, pp. 1 -88. Holt, Rinehart, and Winston.

Fillmore, C. J. (1997) *Lectures on Deixis*. CSLI Publications.
Fox, B. A. (ed.) (1996) *Studies in Anaphora*. John Benjamins.
Frow, J. (2006) *Genre*. Routledge.
Georgakpoulou & Goutsos (1997) *Discourse Analysis*. Edinburgh.
Gundel, Hedberg & Zacharski (1993) Cognitive Status and the Form of Referring Expressions in Discourse. *Language* 69, 2, pp. 274-307. Linguistic Society of America.
Halliday, M. A. K. & R. Hasan (1976) *Cohesion in English*. Longman.
Halliday, M.A.K. (1978) *Language as Social Semiotic*. Arnold.
Himmelmann, N. (1996) Demonstratives in Narrative Discourse: A Taxonomy of Universal Uses. Fox, B. A. (ed.), *Studies in Anaphora*, pp. 205-254. John Benjamins.
Hopper, P. (1979) Aspect and Foregrounding in Discourse. *Syntax and Semantics* 12: *Discourse and Syntax*, pp. 213-41. Academic Press.
Huang, S. (1999) The Emergence of a Grammatical Category Definite Article in Spoken Chinese. *Journal of Pragmatic*s 31:77-94.
Kinneavy, J.L. (1971) *A Theory of Discourse*. Prentice Hall.
Lakoff, R. (1974) Remarks on *this* and *that*. *CLS 10*, pp.345-356. Chicago Linguistics Society.
Levinson, S.C. (1983) *Pragmatics*. Cambridge University Press.
Longacre, R.E. (1976) *An Anatomy of Speech Notions*. Peter de Ridder.
Lyons, J. (1977) *Semantics*. Cambridge University Press.
Minsky, M. (1977) Frame System Theory. In P. N. Johnson-Laird and P. C. Wason (eds.), *Thinking, Reading in Cognitive Science*, pp. 355-376. Cambridge University Press.
Petch-Tyson, S. (2000) Demonstrative Expressions in Argumentative Discourse. : A Computer-Based Comparison of Non-native and Native English, *Corpus-based and Computational Approaches to Discourse Anaphora,* pp. 43-64. John Benjamins.
Prince, Ellen (1981) Toward a Taxonomy of Given-new Information. In Peter Cole, (ed.), *Radical Pragmatics*, pp. 223-255. Academic Press.
Quirk, R. et al. (1985) *A Comprehensive Grammar of the English Language*. Longman.
Reddick, R. J. (1992) English Expository Discourse. In Shin Ja J. Hwang and William R. Merrifield (eds.), *Language in context: Essays for Robert E.* pp.211-224. Longacre Press.
Rosakis, L. E. (2003) *The Complete Idiot's Guide to Grammar and Style 2 E (The Complete Idiot's Guide)*. Alpha.
Rumelhart, D. E. (1975) Notes on a Schema for Stories. In D. G. Bobrow & A. Collins (eds.), *Representation and Understanding: Studies in Cognitive Science.* pp. 211-236. Academic Press.
Smith, C. (2003) *Modes of Discourse : The Local Structure of Texts*. Cambridge University Press.
Swales, J. M. (1990) *Genre Analysis*, Cambridge University Press.
Thorndyke, P. W. (1977) Cognitive Structure in Comprehension and Memory of Narrative Discourse. *Cognitive Psychology*, 9, pp.77-110. Psychology Press.
van Dijk (1977) Sentence Topic and Discourse Topic. *Papers in Slavic Philology*, 1, pp.

49-61. Michigan Slavic Publications.
Verdonk, P.（2002）*Stylistics*. Oxford University Press.
Widdowson, H. G.（1975）*Stylistics and the Teaching of Literature*. Longman.
Zubin and Hewitt（1995）The Deictic Center: A Theory of Deixis in Narrative. In Duchan, Bruder and Hewitt（eds.）, *Deixis in Narrative: A Cognitive ScienceApproach*, pp.129-155. Lawrence Erlbaum.

曹　秀玲（2000）<汉语"这那"不对称性的语篇考察>《汉语学习》8，pp. 7-12
崔　应贤（1997）<"这"比"那"大>《中国语文》2，pp. 126-127
丁　启阵（2003）<现代汉语"这","那"的语法分布>《世界汉语教学》2，pp. 27-38
刘　骉（2014a）<基于话语模型理论分析日语文脉指示词"この"和"その"的选择原理>《日语研究》第 9 辑，pp. 66-90, 商务印书馆
刘　骉（2014b）<"那"的非典型语用功能>《中国语学》第 261 号，pp. 84-102, 日本中国语学会
吕　叔湘（1980）《现代汉语八百词》商务印书馆
吕　叔湘（1985）《近代汉语指代词》学林出版社
梅　祖麟（1985）<关于近代汉语指代词—读吕著《近代汉语指代词》>《中国语文》6，pp. 401-412
沈　家煊（1999）《不对称和标记论》江西教育出版社
太田辰夫（1958）《中国語歴史文法》江南書院
吴早生・李学义（2010）<从光山话的"恁"看指示代词"三分法">《阜阳师范学院学报》，3，pp. 25-29
徐　默凡（2001）<"这","那"研究述評>《漢語学習》5，pp. 47-54
杨　玉玲（2006）<单个"这"和"那"篇章不对称研究>《世界汉语教学》4，pp. 33-41
杨　玉玲（2010）《"这","那"系词语的篇章用法研究》中国广播电视出版社
杨　玉玲（2011）<可及性理论及"这","那"篇章不对称研究>《河南社会科学》19-2，pp. 201-204
张　贤敏（2011）<光山方言指示代词三分及相关问题>《信阳师范学院学报》，31-2，pp. 69-72
朱　德熙（1982）《语法讲义》商务印书馆

用例出典

日本語の用例
『現代日本語書き言葉均衡コーパス（BCCWJ）』国立国語研究所 2009 版
『日本語話し言葉コーパス』第 2 刷
　　国立国語研究所・情報通信研究機構・東京工業大学
『日本語会話データベース』
　　平成 8-10 年度文部省科学研究費補助特定領域研究「人文科学とコンピュー

ター」公募研究（「日本語会話データベースの構築と談話分析」研究代表者上村隆一）の成果による

『FNN ニュース』2010年1月放送分，インタビューを除く

Reliable Measures for Aligning Japanese English News Articles and Sentences（日英新聞記事対応付けデータ JENAAD）
Masao Utiyama and Hitoshi Isahara, 2003, ACL-2003

『ホンマでっか!?TV』バラエティ番組 http://www.fujitv.co.jp/b_hp/honma-dekka/

『今昔かたりぐさ』http://www.chinjuh.mydns.jp/ohanasi/365j/00_index.html

『福娘童話集―きょうの日本昔話』http://hukumusume.com/douwa/pc/jap/index.html

中国語の用例

『対話』対話番組 CCTV http://cctv.cntv.cn/lm/duihua/

『北京大学中国言語学研究センター CCL コーパス（Center for Chinese Linguistics PKU）』http://ccl.pku.edu.cn:8080/ccl_corpus/index.jsp?dir=xiandai

『北京晨報』http://www.morningpost.com.cn/

『民間故事集粋』http://www.360doc.com/content/11/0506/19/804207_114874943.shtml

『民間故事』http://www.tom61.com/ertongwenxue/minjiangushi

『民間故事大全』http://www.junmeng.org.cn/book.asp?GoBor=Read&bID=64

辞　　書

松村　明（編）（2006）『大辞林』（第三版）三省堂
中国社会科学院語言研究所（2011）『新華字典』（第11版）商務印書館

索　引

【A-Z】

Accessibility Theory　36
argument　51
atemporal progression　51
attenuation　37
background　65
brand-new anchored　59
brand-new（unanchored）　59
case grammar　112
cohesion　11, 25
competition　37
containing inferrable　59
Context of Use　42
D－領域　39
definite information NP　22
description　51
discourse grammar　34
Discourse Management Theory　39
Discourse Model Theory　42
discourse referent　35, 43
distance　37
Encyclopedic Knowledge　42
Episodic Memory　42
Familiarity Scale　34
foreground　65
frame　112
hearer　18
I－領域　39
ID コネクタ　43
indirect speech　70
inferrable　59
information　51
informativity　37
inner speech　70
Linguistic Context　42
marked　149
narrative　51
report　51
rigidity　37
saliency　37
Shared Knowledge　42
situationally evoked　35, 58
speaker　18
speed of ingraining　148
temporal progression　51
（textually）evoked　35, 58
unity　37
unmarked　149
unused　35, 58

【あ】

アクセシビリティ・マーカー　36
アスペクト　65
言い換え　21, 102
位相　50
一体化　48, 73, 76
エピソード記憶領域　42
遠距離照応　21, 102
遠称　5
遠称のア　5

【か】

解説のコ　10
関わりの強いもの　8
関わりの弱いもの　8
書き言葉　11, 50
格文法　112
語り　51
語りのモード　16, 51, 53
喚起　36
完成相　70
間接経験領域　39
間接話法　70
観念指示　3
観念指示的用法　4
簡略化　37
聞き手　7, 34
聞き手中心　15
機能主義言語学　33
旧情報　70
競合性　37
共通経験　41
共有知識領域　3, 42
局所的　34
巨視の背景　67
距離　37
距離区分説　5

議論　51
近称　5
近称のコ　5
空間分割　5
形式主義　33
形態素　1
ゲシュタルト心理学　70
結束性　11, 25
言語記号　33
言語使用　58
言語文脈領域　42
顕著性　37
現場指示　2, 5, 12
現場指示詞　12
現場指示的用法　4
現場性　86
厳密性　37
更新　74
コーパス　14
コピー　43
コメント部　66

【さ】

時間の流れ　69
時間を伴う展開　51
時間を伴わない展開　51
時系列　15, 34
指示　11
指示詞　1
指示的機能　1
指示表現　11, 37
指示副詞　1
指示連体詞　1
持続相　70
指示代名詞　1
指定指示　23, 49
視点遊離のコ　10
地の文　65
染み込み速度　148
ジャンル　11, 14, 49
終結部　16, 65
照応　11, 33
照応詞　2, 17
情報　51
焦点のコ　148
情報性　37
情報伝達モード　16, 51, 115

情報の格差　81
情報の占有者　69, 117
情報の伝達　33
情報の持ち込み　24
省略　33
新規情報　10
親近性スケール　34
心的表象　34
図と地　70
勢力範囲　5
絶対指示　3
前景　65
前景部　66
先行詞　2, 17
専有物　82
相互行為　11, 34, 127
属性情報　73
属性情報のアップデート　85
存現文　69, 94

【た】

対称的　48, 127
対等の立場　48, 73
対立型　48, 127
対立的状況　10
対話　48
談話管理理論　34
対話モード　16, 51, 56
談話モデル　3
ダブルバイナリな分け方　7
探索領域　41
談話　10, 11, 34
談話管理理論　39
談話構造　16, 65
談話指示子　35, 43
談話ジャンル　16, 49, 50
談話展開　51
談話文法　14, 34
談話モード　16, 51
談話モデルの埋め込み　86
談話モデル理論　15, 34, 42
談話モデル理論の対立型と融合型　16
談話レベル　11
中称　5
中称のソ　5
直接経験領域　39
定冠詞　1, 114

定情報名詞句　22
テキスト　10, 33
テキスト的意味の付与　10-11
テキスト文法　34
テキストレベル　11
デフォルト要素　112
展開部　16, 65, 70
テンス　65
転送原則　134
転送速度　141
統一性　37
同一性　43
到達可能性理論　34, 36
導入部　16, 65, 69
トピックとの関連性　10, 21, 121
トリプレットな分け方　7

【な】

内言　70
縄張り意識　7
二項対立　1
人称区分説　5

【は】

パーフェクト相　70
背景　65
背景部　66
発話状況領域　42
発話内容　2
発話部　66
話し相手　5
話し言葉　11, 50
話し手　5, 34
反復・習慣相　70
微視的背景　67
非対称　15

非対称的　117
百科事典的知識領域　42
描写　51
普通名詞　102
不定冠詞　69
部分的なトピック　102-103, 137
フレーム　112
文　10
文文法　34
文脈指示　2, 13
文脈指示詞　10
文脈指示的用法　4
包括的なトピック　102, 137
報告　51

【ま】

無標　149
メタ言語的な名詞　102
メタ指示的　92
メンタルスペース　39
モダリティ表現　70
物語　48, 65
物語スキーマ　66
物語文法　66

【や】

優位　115
融合型　73
融合の状況　10
有標　149

【ら】

ラベル貼り　102
理論言語学　14
累積性　15
連動読み　109

［著者略歴］

劉　鷫（りゅう　ひょう，LIU Biao）

現在　京都大学外国人共同研究者

1981年中国天津市生まれ/2004年天津外国語大学日本言語文学学部卒業/2007年春から2009年春まで奈良教育大学大学院教育学研究科修士課程修了（教育学修士）/2009年春から2011年春まで京都大学大学院人間・環境学研究科修士課程修了（人間・環境学修士）/2011年春から2014年春まで京都大学大学院人間・環境学研究科博士課程修了（人間・環境学博士）/同上　日本学術振興会特別研究員（DC1　言語学）/2014年春から2015年春まで京都大学外国人共同研究者/同上　日本学術振興会外国人特別研究員（PD　外国語教育）/2015年春から神奈川大学外国語学部中国語学科助教

著書

劉笑明・劉　鷫（編）『日本語学と日本語教育－研究と実践』南開大学出版社，2014年．
劉笑明・劉　鷫（編）『言語学－理論と応用』南開大学出版社，2013年．

主要論文

「"那"的非典型語用功能」『中国語学』第261号，pp. 84-102，日本中国語学会，2014年．
「物語における日本語と中国語の文脈指示詞の対照研究－談話構造の観点から」『日中言語対照研究論集』第14巻，pp. 78-92，白帝社，2012年．
「日本語と中国語の文脈指示詞の対立型と融合型－談話モデルによる分析をもとに」『人間・環境学』第21巻，pp. 111-120，京都大学人間・環境学研究科，2012年．

（プリミエ・コレクション　55）
談話空間における文脈指示

2015年2月25日　初版第一刷発行

著　者　　劉　　　　驫

発行人　　檜　山　爲　次　郎

発行所　　京都大学学術出版会
　　　　　京都市左京区吉田近衛町69
　　　　　京都大学吉田南構内（〒606-8315）
　　　　　電話 075(761)6182
　　　　　FAX 075(761)6190
　　　　　URL http://www.kyoto-up.or.jp/

印刷・製本　亜細亜印刷株式会社

ⓒ LIU Biao 2015　　　　　　　　　　　　Printed in Japan
ISBN978-4-87698-369-8 C 3381　　定価はカバーに表示してあります

本書のコピー，スキャン，デジタル化等の無断複製は著作権法上での例外を除き禁じられています．本書を代行業者等の第三者に依頼してスキャンやデジタル化することは，たとえ個人や家庭内での利用でも著作権法違反です．